WAKANA

あなたの人生は、
あなただけのもの

The Power of Belief
will Create
Your Best Life

# 信じる力

きずな出版

はじめに――

# 信じる力を枯らさないで

「どうしたらもっと幸せに生きることができるか」

「どうすればもっと自分の願いに気づき、望んでいることを現実に創造しながら生きていけるか」

ということを、子どもの頃からずっと考え続けてきました。

私たちは、たとえ自分で意識していなくても、皆それぞれに一生懸命に生きているのだと思います。

そんな中で、エネルギーや気力、体力が空っぽになることは誰しも経験したことがあるのではないでしょうか。

無理をしているときや自然の流れに反しているとき、切羽詰まった感じや気が張って休まらず、目の前のことに対して不安になったり、どこかいつもより批判的になったりしてしまうこともあるかもしれません。

起きている出来事が、たとえよりよい方向へ導いてくれるサインやメッセージであったとしても、自分を困らせる問題としてしか感じられなくなるのです。


こういう状態のとき、もっとも削がれている「ある力」があります。

逆に言うと、その力が満ちていれば、多少、軌道からズレていても、調整としての出来事や助けが自然と起きるようになっていきます。


いまその出来事は、何のために起こされているのか？

それは、「ある力」がありさえすれば、すぐにわかるようになります。

そして、「いま自分は何をしたいのか」「どのように行動していくとよいのか」ということに集中することができるようになります。

その力とは、いま起きていることやその流れを自分なりに「信じる力」です。

それはどんなものかと言うと、

□ 自分はやるべきことを自然とやっている
□ 相手は相手のタイミングで必ず自分で大切なことに気づくことができる
□ 自分が気持ちよく無理なく生きていれば、相手もそうなっていく
□ すべて必要なことが起こされている
□ みんなにとって完璧な出来事が起こっている

……だから、何が起きたとしても、焦ることはないのです。

すべてのことは、起こるべくして起こっている……と言いますが、私はこの言葉の真意を自分の人生の一つひとつの体験の中に見出してきました。

人生には、さまざまなことが、さまざまなタイミングで起きていきます。

それに流されてしまうのではなく、どのように流れをつかんで、唯一無二の自分と仲よく人生を歩んでいくか。

あなたの人生はあなただけのもの。それを実現するのが、「信じる力」です。

私は、子どもの頃から、生き方について強い興味を持って生きてきました。中学時代に自己啓発や潜在意識の本を読み始め、自分との対話もたくさん重ねながら、いっぱい失敗して、ときに自分や誰かを傷つけたりしながらも、自他共により幸せになれると信じることだけは、絶対に諦めずに生きる道を探してきたつもりです。

この本で私は、決して「こう生きてほしい」とか、「こういう捉え方をするといい」ということを伝えたいわけではありません。

ただ私が体験したこと、感じたこと、幾度も観察して見つけた大切なことを言葉にしていきました。

もしかしたら、あなたも、同じような体験、気づきを得たことがあるかもしれません。そして、無意識にそれをしているということもあるかもしれません。私の体験をここで書いていくことで、いままで無意識だったことを意識していただくというのは、とても大切です。誰かの体験を通じて、ご自身の人生に似たような経験や感情を重ね合わせたときに生まれる、共感や気づきという感覚はとても尊いものだと感じます。

また、同じことをしていても、人それぞれ違う体験と学びがあります。そして、感じる繊細さや受け取るタイミング、捉え方もすべて違います。

ですから、なるべくこの本に触れた方がご自身の感覚につながり続けられるように、誰かに何かを伝えたい、表現したいという思いが少しでも生じたら、何度も何度も自分の中で濾《こ》して、言葉にしていきました。

この本に紡がれた何かが、「ここではないどこかもっと明るいところがあるかもしれない」と感じて生きている誰かにとって、その道筋を照らす、小さくも揺るがない光となることを信じています。

もくじ



第1章

# 自分の声は道しるべ
## 進むべき方向がわからなくなったら

第2章

## 自分の声の聴き方

答えは書き出すことで見えてくる



第3章

## 自分のいちばんの味方になる

誰のための人生なのか

# 第4章

## 出来事が示すサインを知る

### 滞りのあとに開かれる次の扉

## 第5章

# 体験して学ぶ
## 信じる力を引き出す思いの持ち方と在り方

## 第6章

# 自分を整える

## 信じる力を発動するために必要なこと



## 第7章

# 気持ちのよいほうへ

## 自分にとっての大切なもの

# 信じる力——あなたの人生は、あなただけのもの

第1章

# 自分の声は道しるべ

## 進むべき方向がわからなくなったら

# 自分の声が聴こえないときには

自分が本当に望んでいることがよくわからなくなることがあります。

大学受験で、次の年からの専攻を決めなければならないタイミングでした。当時の私にとって、大学は自分のその後の人生を決めるものだから、専攻を決めることは、人生を決めるように感じられました。

漠然としたいことはあるけど、現在のように柔軟にいろんな仕事をつくり出すという大人もまわりにいなければ、発想もありません。

いまある職業の中で、やりたいことが見つけられないのに、大学の専攻など決められるのだろうかという不安でいっぱいで、この先どんな道に進めばいいのか決めることができずにいました。

子どもの頃から大人と過ごすことも多く、両親や先生、まわりの大人たちがどんなことを望んでいるのかということや考えていることが何となくわかって、いろんな人の考えや声が勝手に頭の中で響くことが多かったと思います。

高校になると、2年生から理系や文系を選択しないといけなかったり、部活動も忙しかったりで、自分が本当にどうしたいかを知る術も隙もなく、どんどん選択は狭められ、迫られていく感じでした。

小さい頃は夢があって大人になるのが楽しみだったのに、どんどん自分の意思だけで選択することも難しくなって、本当はどんなことを望んでいるのか、やりたいのかもまったくわからなくなってしまいました。

いままで自分を励ましたり、背中を押してくれたりした本が、私の本棚には大切に並べられていましたが、それらを読んでみても、現実の学校生活やまわりの大人たちが話していることとはかけ離れているように感じて、以前のように自分の中の声につながることがなかなかできずにいました。

そんな悶々《もんもん》とした日々を過ごしていたとき、テレビをつけると冬季オリンピックのニュースで、スキージャンプの日本勢の健闘を讃《たた》えるニュースが流れてきました。

選手たちの素晴らしい活躍に感動しましたが、何より彼らの笑顔と涙があまりにもキラキラと輝いていて、目が離せませんでした。

金メダルをとって嬉しそうに笑う選手たちの涙と目いっぱいの笑顔を見て、「この人たちが生まれた場所は、きっと素敵な場所に違いない」と思った私は、選手たちの出身地である北海道に行ってみたいと思い立ちます。しかも、なぜか一人で行きたいとただそのときは理由もなく強く思ったのを、いまでも覚えています。

すぐに、貯めてあったお小遣いやお年玉を持って旅行会社に行き、過保護で心配性の両親に反対される隙のないように旅行計画を立て、半ば強制的に3泊4日の一人旅を決行したのでした。

こうして、自分の声を聴きたくて、いままで当たり前だと思っていた私の世界である家族や学校、友達や地元から少し離れるという、初めての小さな一人旅に出ることになります。

当時の私の世界は、家族や学校生活で接する人たちの、その中でいちばん大きく聴こえる声にだけ従って選択し、生きていました。

大切な人や大切だと思うものの声は、何よりも大きく聴こえるのです。

そして、そこで伝えられていること、大切な存在が望んでいることや発している言葉は、まるで自分の声のようになっていきます。

自分が本当に望むことを知るためにどうしたらいいのかと問いかけたとき、いまいる環境やまわりの人から少し離れてみれば、おのずとそれらの声は遠ざかり、いちばん近くにあるはずの自分の声が聴こえるはずだと思ったのです。

# 自分の声が湧き上がってくるとき

人生初の電車と飛行機を乗り継ぎ、いろいろなトラブルや体験を味わいながらも、17歳の私は無事に北海道に到着することができました。

新たな街と知らない人たち、どこに行くかも何をするかもすべて自分で決めていく感覚に戸惑いながらも、とてもワクワクしていました。

最初は、話し相手もいなくて少し心細かったので、ずっとノートに今していることや感じていること、目に見える景色をそのまま言葉にして書いて過ごしました。

そして、お守りにと持っていった数冊の本から、いまの自分に必要だなというメッセージを書き出したり、イヤホンで聴いていた音楽の歌詞で、心に響く言葉を書き出したりしていました。

まだ「何をしたいか」「この先どうすべきか」ということはまったく出てこなかったけれど、ノートにそのときの気持ちをそのまま書き出すということをひたすらして、寂しさを紛らわせていました。

そのうち独り言のように、自分の中から言葉がだんだんと湧き上がってくるようになりました。

いろんな感覚や言葉が私の中から出てきます。

それを言葉にしてみると、

「私はこんなふうに感じているんだ、この景色はこんなふうに見ているんだ」

ともう一人の自分が俯瞰《ふかん》して、

「あぁ、なるほどね」

と納得するのです。

書き出したことがどんな思いでも、

「あぁなるほど、そうなのね！」

と納得すると、いままでなかった視点や考え方などがどんどん自分の中から出てくるようになることに気づいて、とても楽しくなりました。

自分の中から出てきたメッセージは、誰かの声よりも、いちばん納得できるものなのだと知りました。

その言葉やメッセージは、家族や友達の声でも、読んだことのある本からの引用でもない感じでした。

その感覚が面白くて、夢中でどこに行っても地面に座り込んでノートに言葉を綴《つづ》っていました。

日常で聴こえていたまわりの人たちの声、いったん情報から離れたことで、私の中が静かになりました。

そして、それまでもきっと常に心のスピーカーから発せられていたであろう自分の思いや考え、感じていることの音が、やっと聴こえ出したのです。

何をしていいかわからなくなったら、自分以外の思いや考えにとらわれてしまって動けなくなっているとき。

そんなときは、いったん少しだけその場から離れてみると、本当に感じていること、大切な思い、愛しさに気づけるのではないでしょうか。

これはとてもシンプルなことですが、大変なときはそんなことも忘れてしまいます。

1ミリだけでも距離をとるだけで、見えてくる大切なことがあるということを、出来事の真っ只中にいるときほど、覚えていたいと思います。

# いま見えているものだけで
# すべてを決めなくていい

一人旅の途中、ある雨降りの夕方のことです。

靴を濡らして散歩していたとき、灰色の地面を見ているのに飽きて空を見上げると、雨雲の奥が少しずつ明るく白くなっていくのが見えました。

そのとき、こんな言葉が浮かんできました。

「いまはまだ先が見えない雨の中歩いているようなものだよ。
けれど、この雨雲の上には飛行機の中から見たような澄み切った空がある。
何が起こるかわからないほうが楽しい。
わからないと、いろんな道に逸れたりするけど、
そのたびに自分なりの新しい道をつくっていけばいい。

いま全部わからなくても大丈夫なんだよ」

（17歳のときの旅の日記より）

まだやりたいことも見つからなくて、低いグレー色の雲の下、雨に濡れて肌寒く少し暗い気持ちでいたのですが、心にパァッと光が差したようになって、靴が濡れているのでさえ楽しく感じました。

翌日、ちょうど街は夏祭りの最中で出店が賑《にぎ》やかに立ち並び、浴衣を着た楽しそうな人でいっぱいでした。

出店は大好きなはずだったのに、家族連れや友人同士たちの賑やかさが一人には寂しく感じました。

早々に抜け出して人のいない港に来て、静かに海を眺めているとまた言葉が浮かんできました。

「物事には限りがあるようでないのかもしれない。

ここから見えている海の景色は小さいけれど、もっと広い心で見てみると、その先もさらにその先も、ずっとつながっていて限りない。

それは、いまの私の道にも言えること。

いま私が見ている世界と思っている景色は、この海のように、実は思っているよりも、ずっと大きい。今やっていることの先には、何倍も何十倍も可能性が広がり、つながっているんだよ」


この先もどうなるのかどうしたいのかもまったく見えなくて、どうしようという不安でいっぱいでした。

いまの自分があまりにちっぽけに感じて、その小さな自分でしか未来の可能性も大きさも測れない気がしていました。

けれど、海辺を散歩して気づかされたことは、たとえ今は何も見えなくて形になっていなくても、きっと、この「いま」という現在地点は、まだ見えていない大きな未来につながっているんだということ。そう思うと、肩の力が抜けて楽になったのを覚えています。

この世界には、見えている世界と見えていない世界が共存しているんだ……とわかったような気がしました。

実際に、そのほうがまだ見ぬ可能性に向かっていくことができるし、それを現実にするロマンがあります。

そう考えたら、目の前の灰色の景色が鮮やかな光が灯されたように輝いて見えたのを覚えています。

「いま見えているものだけで決めなくていい」

……いまでも大切にしているメッセージです。

## 「こうすればいいんだよ」という声が聴こえたら……

一人で旅をしていると、ご飯を食べているときに「おいしいね」と分かち合えるようなこともできず、寂しいときもたくさんあったけれど、だんだんとメッセージが浮かんで、その言葉に納得したり、力を取り戻したりしていくことがとても楽しくて、いつも誰かがそばにいる感覚があり、あたたかい気持ちでした。

そこで気づいたことがあります。

自分の本当の声が聴こえなくて悶々としているときに浮かんでくる言葉と、一人旅で浮かんでくる言葉の感覚や言いまわしが、違う感じがするということです。

なぜ旅のあいだに自分の中から湧き上がったメッセージは、気分が軽くなって、目の前の景色がクリアになって、気持ちがいい風が優しく吹いてくるような、自然なやる気が生まれるのだろうかと心の目をこらしてみると、その言いまわしにヒントがありました。

それは、どのメッセージも「こうするといいんだよ」という、すべてを否定することなく受け入れつつ、優しく目の前が明るくなるような言いまわしだったのです。

そんな言いまわしで浮かぶメッセージは、浮かんだ後は必ず心が楽になって、いまの自分をそのまま否定せずに受け入れられたり、不思議とパワーが生まれたりして、とても気持ちがよくなりました。

私たちの心の中や頭の中では、自分の独り言が、常に発せられています。

そのときに、何をしたらいいかわからずになかなか進めずにいるときというのは、「こうするといいんだよ」という柔らかな提案の言い方ではなく、「○○すべきでしょ」という語尾で終わることが多かったことに気づきます。

「○○すべき」という言葉になっているとき、それは今いる環境の中で、よいとされていることだったり、自分以外の他の誰かがつくった世界においての意見であったりということが多いのですね。

もちろん、今ある考えがどんな思いだとしても、何かしら現在の自分にとって大切なことだと自分自身が選んで受けとっていることなので、心の声が「すべき」と発しているからと言って、否定する必要はありません。

けれど、私の経験からの感覚ですが、本来、人生をよりよく進んでいくための指針である内側からの言葉は、できるだけ気分がよくなり、やる気が湧いてきたり、ワクワクしたりする感覚になれるもののほうが、行き先がまっすぐクリアに見えて、すべてが無理なく、スムーズに整えられていくことばかりです。

とめどなく溢《あふ》れ出る、いくつもの自分の中の声に迷ったら、「こうすればいいんだよ」というような言いまわしの声を、注意深く聴いて選ぶようにします。

感覚的には、とても穏やかで、誰かがあたたかい大きな笑顔で、そっと肩に手を置いてくれるような、ぎゅっと力が入っていた背中が少し楽になるような感覚の言葉をピックアップしていきます。

生きれば生きるほど、大切だと感じる存在や事柄が増えていきます。

自分の声の他にたくさんの声が聴こえて、いつも自分が心地よく、自分らしく生きていくための声を聴き分けることが難しいときがあります。

そんなときは、耳を澄ませて、「こうすればいいんだよ」というあたたかい声のボリュームを上げて、よく聴くこと。

そして、聴こえるところに自分の身を置くこと。

これらはいつでも意識すれば、自分でできることです。

## 「私」が本当にしたいことって何だろう？

大学卒業後、地元の百貨店に入社してから4年ほどたったときのことです。

当時、自分として大変ではありましたが、仕事にはやりがいを感じていました。百貨店の社員ながら、突然あるブランド店舗の店長を任されることになりました。

一人で仕事をすると集中できたので、毎日いちばん最後まで残ってやっていました。だから、警備員さんとはお友達。そんな努力のおかげか、配置されたときは、売り上げがどん底で撤退の話が出ていたブランドのお店の売り上げは、どんどん上がって安定していきました。

そんなとき、百貨店の店長から呼び出され、フロア長をやってみないかと言われます。26歳でフロア長は少し早い気もしましたが、いままでの頑張りを認めてもらえたような気もして、正直、嬉しい気持ちでした。

しかし、その言葉をいただいてから、なぜか心がモヤモヤしていました。

もしも、フロア長になったら、完全に私は百貨店の社員として働くわけで、これまでのように、お客さんに直接接客したりすることができなくなります。

心の違和感に気づいてから、毎日が悶々として、毎日が楽しくなくなりました。

そんな中で、いつものようにお客様に接客をしてお見送りをしていると、「これだ！」という感覚がありました。

お店づくりやチームづくりも大好きだったけれど、何より、いちばんときめく気持ちになれたのは、お客様との時間。私は、お客様のお話を聴いて、そのお客様が求めている状態を、お洋服でコーディネートしていくことが大好きでした。

「ここでお洋服を買うようになって、最近うまくいくようになったわ」とか、時には、家族でおしゃべりにだけ来てくれる方もいて、「今日も元気になった」と言って、笑顔で帰っていく後ろ姿を、エスカレーターの前で見えなくなるまで見送るのが大好きでした。

「私が本当にしたいことは、フロアの数字をまとめたりすることではなく、直接お客様とのつながりを楽しむことだから、もっとそれがしたいんだ！」

その思いが自分の体から溢れ出したとき、いまの職場でも地元でもやりきってしまって、これ以上することがないように感じられました。

また、コーチングというものが日本に入ってきたときで、近所の小さな本屋さんで、それについての本を見つけて以来、独学で、少しずつ実践してみていたりもしました。もっと学んでみたい、人とのコミュニケーションや生き方について、もっと知りたい、という気持ちは、さらに強くなるばかりでした。

本当にしたいこと、してみたいことに気づいてから、ずっと感じていた違和感は消えたのですが、悶々とした気持ちは、まだ残っていたのでした。

「今いるべき場所は、ここではないかもしれない」という気持ちが、自分の中でどんどん大きくなり始めると、年老いた両親（私の両親は、同じ年代の人の祖父母くらいの年でした）から離れる選択をすることに、心が苦しくなっていきました。

そんなとき、担当していたブランドの会社の方から、うちの会社に来ないかとお誘いをいただきます。きっと、私自身の心で大切にしたいことがクリアになって決まったことで、現実が、それに向かって動き出したのでしょう。

しかし、そのことをなかなか両親に話せずに悶々としていた私は、毎日、自分が本当にしたいことや、日常に感じていた不安や恐れをノートに書き出しました。それは「自分と対話する方法」で、数ヶ月かけて自分の声に対峙《たいじ》したのでした。

本当にしたいことはわかったけれど、子どもの頃から、「大人になったら両親と一緒にいて、面倒を見る」ということを大事にしてきた自分自身を裏切ることになるのではないか、年老いた両親を傷つけることになるのではないか、という思いは、なかなか消えませんでした。

自分の性格を知っていたので、数年で戻るという約束はできないし、一度ここを出ていったら、もうここには戻ってこないかもしれない。

けれど、今ここでやるべきことはやりきったようにも感じて、もう、それらに対する意欲が湧いてきませんでした。

同じような対話を、ノートの中で何度も何度も繰り返しながら、数ヶ月ほどたったある夜、「そんなに両親のことが気になるのなら、本当に両親が望んでいることや、両親が大切にしたいことを考えてみればいい」と、ふと思ったのでした。

「きっと両親は、ずっと私にそばにいてほしいはず。

けれど、両親がそう思ってくれるのは、私のことを愛しているからだ。

だとしたら、愛する我が子に親が望むことは、心から幸せでいることなのではないだろうか?」

……何かがパンと弾けたようでした。

時間をかけて、自分が納得できるまで、たっぷり悩んで出した決断だったので、その瞬間、それまでの罪悪感や恐れなどが消えてなくなったのです。

## 悩んでいるときこそ進んでいる

悩んで進めずにいるときは、人生は止まっているように感じます。

これまで散々悩む、考える、悶々とすることを繰り返してきて、悩むことをもっと生産的で自分のための行為として捉えたいと思いました。

悩むとは、「どうしよう……」「あれがいい」「これはイヤだ」と、自分の思いや自分のことについて考える、感じる、選び直すという、「大切な自分とつながり直す行為である」と考えるようにしたのです。

それが生産的か創造的かどうかは別にして、自分のための大切な宝（答え）を掘っているような感じです。

「答え」の上に積もった土を掘り続ける（＝悩む）という自発的な行為によって、小さな種だった「答え」はどんどん成長し始めて、動き出します。

表面からの動きと、目に見えない内側からの動きは連動して、自分から「答え」に手を差し伸べると、「答え」も自ら手をこちらに差し伸べるように動き出す感じです。

土を掘りながら、これからの自分には必要がない考え方や価値観などが、いらない土として掘られ、脇に積まれていくと、少しずつ土に隠れていた、悩んでいたことの「答え」が見え始めます。

ある程度悩み続けると、もうよくわからなくなって、疲れて立ちどまってしまうときがきます。

それはどういう状態のときかというと、現実の自分が動きを止めることで、内側の自分という、もっとも力を持っている応援隊が、やっと動き出せるようになったときです。

そして、いままで見えなかった、もしくは、気づかなかったことに気づくことができる状態をつくり出してくれているのです。行きどまりのように感じて立ちどまってしまうときというのは、水面下の動きがより活発になっているときです。

あるときまでは、自分にとっての本当の悩み方がわからなくて苦しんでいました。それなのに悩み、考え込んで調子が悪くなることが多くて大変だったので、悩むことをいかに避けるかという視点で生きていました。

けれど、悩むことを「自分のためのよき変容が進んでいますよ、もっと最善の生き方の道が開いていますから、そちらを向いて見てくださいね」というメッセージとして捉えるようにしたのです。

それでも悶々と悩んでいるときは、気持ちも重く、暗いトンネルにいるような孤独な気持ちにもなります。

そんなときは何度も、「トンネルがあるからこそ、本当はもっと遠まわりしないといけない道を最短で行けるんだった！」と思って、少しでも自分を安心させて、自分という内側のトンネルに入るのです。

第2章

# 自分の声の聴き方

答えは書き出すことで見えてくる

# 心だけでなく、体にも声がある

ワクワクすること、心から感激したり感謝したりすることが、幸せに生きていくために大切だといわれます。

子どもの頃から読んだ本の英知や数えきれない経験、そして、たくさんの方の人生の悩みを聴くという体験を通して、確かにその通りだと思いました。

といっても、「言うは易し行うは難し」です。

自己肯定感がとても低かったので、トライアンドエラーを重ね、時に心が壊れそうになりながらも、地道に一つひとつ、丁寧に時間をかけて、うまくいかないときは、観察し、感じ、納得する気づきを得られるまで向き合い続けることを積み重ねてきました。

そして、本当に大好きだと思える人たちに囲まれ、真から安心して素でいることができ、信じ合えるつながりの中で生きられるようになりました。好きな場所で好きな仕事を、大好きな人たちとしていく現実がどんどん生まれていって、まわりの人たちも、そんな生き方を実現していくようになっていきました。

そんな生き方ができるようになって数年がたった頃、不思議なことに、うまくいかないことが出てきたのです。

ワクワクしたホリデー状態で仕事をしたり、愉快で豊かな日々を暮らしていたはずなのに、何となく空虚感を覚えるようになっていたのです。

やりたいこと、やろうと手がけていることがたくさんありましたが、表面的には問題がないように感じても、何となく腑に落ちない感じがしたのです。

そんな違和感を抱えたまま、立ちどまることなく日々を送り続けました。

大好きで信頼できる仲間たちがまわりにいて、やっていることも子どもの頃からやりたかったことなのだから、いまの人生がおかしいはずはないと、私の内側でだんだん大きくなる違和感に目を向けることをしていませんでした。

すると、自分の人生のスピードについていけなくなって、体調を崩して、動けなくなってしまったのです。

よく旅行に行くと、毎日楽しく盛り上がって、食事も行動も自分の本当のペースや状態と合わないことも楽しめてしまうことがありますが、帰宅すると、ぐったり疲れてしまったり、風邪をひいてしまったり、旅行中に買ったものを見て、なんでこんなものを買ったんだろう、と思うことがあるかもしれません。

そんなことが人生でも起こることを知りました。

自分に正直に生きることとは、自分が喜ぶことやワクワクすることだけをしていくことだと思っていましたが、それだけではないようだとそこで初めて知るのです。

いままで心の声をよく聴いてきたつもりでしたが、体調を崩したことで、心だけではなく、体にも独自の声があるということに気がつきました。

心はときにどこまでも楽しいこと、刺激を求めていきます。

心と体はつながっているけれど、私たちは、体（肉体）を持つ人間なので、限界があります。むしろ、自由にどこまでも広がっていける心と、常に一定のリズムで正確に動き続ける限度がある体があってこそ、バランスがとれているのですよね。

私の場合、思考と心を優先させて生きてしまう傾向があったので、体の声としては、突然動けなくなることを通じて、限界を知らせる役割が多かったように思います。

けれど本来、体の声とは、限界を知らせるだけではないのです。

心が「もっと、もっと……」と求めれば、そこにつながっている体は、一途なほどに一生懸命ついていきます。

心が求める楽しみや喜びが、本当はそのときの自分にとって動きすぎて、疲れることだったり、実は今はやりたくないことだったり、ちょっと無理している状態だったりすることがあります。

体の声に耳を澄ませるようになって見えてきたことは、自分の体というのは、もっとも自分が心地よく、幸せに、力を最大限発揮して生きる本当のリズムを知っているということです。

そして、今やっていることが本心と違うときや無理しているときは、だるさや重さ、痛みとして、逆に、その方向でいいときは、軽さや活力など、感覚を澄ますことで、いま大事な答えを教えてくれます。

## 第二の声を、体を通じて聴く

私たち夫婦は、ご縁のある場所でインスピレーションを大事にしながら、より自分を生きる生き方を発信するために、年間300日くらいを数年間、海外で暮らしていました。

コロナ禍になって、それまでのように海外に行けなくなりましたが、その直前にご縁をいただいて沖縄に拠点を置くことができました。

それまで、移動と時差の多い、忙しくノンストップな生活で体調を崩したりして、体の声を受けとっていたので、コロナ禍で動きが制限される沖縄での生活は、移動も、いままでのようにしなくていいし、グラウンディングして暮らしをじっくり楽しむことができると、楽しみにしていました。

心は、自分の大事にしたいこと、好きなことをよく知っている場所です。

そのことをよく理解していたので、新しい生活が始まるとき、いつものように何を大切にしたいかを心に聴くことから始めました。

そこででた答えは、「大好きな人たちと〝いいな〟と思った体験や喜びを一緒に分かち合って、一緒に幸せになりたい」というものでした。

一人でも多くの仲間たちとそれができたら、もっとハッピーになるに違いないと思ったのです。

すると、全国にいた仲間たちが次々と沖縄に移住してきてくれて、小さなヴィレッジのように、いつも大好きな仲間たちやその家族と共に、暮らすようになりました。

そして、一緒にハッピーに暮らすために、仲間が困っていたり、悩んでいたりするときは目いっぱい話を聴き、対話をするということを、プライベートでも仕事でもひたすらやっていたと思います。相手が悩んで落ち込んでいては、一緒に楽しい体験が分かち合えないと思っていたからです。

すると、以前のような海外への移動などもないはずなのに、毎日とても忙しい感じになりました。

自分の心に従った選択でしたが、たくさんの仲間たちや友人たちとの時間、オンラインを通じて多くの方とつながる時間が多くなり、あっという間に夫婦ふたりで過ごす日がまったくない以前の状態になっていったのです。

そのうち、沖縄の独特の暑さや湿度もあいまって、またもや体調を崩すようになりました。それでも私が本当に大切にしたいことだから間違いはないはずだ、とその生活を続けていました。

すると、突然のめまいで、本当に動けなくなってしまいました。若い頃から、自分の許容範囲を超えると、めまいを起こしたので、きっと体と自分自身のペースの許容範囲を超えて、エネルギーがカラカラになってしまったのだと思います。

以前、体にも声があると知った体験でも、一生懸命自分がワクワクすることは何だろうという声を聴いて行動していたはずなのに、なぜ体調を崩したのだろうと不思議に思うことがありましたが、ちゃんと理解しきれていなかったようで、同じことが起きました。

若い頃から、風邪とかではない原因不明の小さな体調不良をよく起こしてしまうので、自分なりに自然療法から西洋医学的なことまで独自に試して、いまは自分なりのケアの仕方を、いくつか持っています。

その方法の一つとして、東洋医学的視点で自分の体の状態を感じると個人的にとても理解がしやすかったので、よく鍼灸《しんきゅう》や漢方の先生と話したり、自分の体感を通じて学んだりしていました。

その考え方を学んでいくと、五臓の「心」という場所は、「喜び」という感情と深くつながっていることを知ります。

適度な「喜び」は体も気持ちも元気にしてくれますが、「喜び」が過ぎると、血と気が足りなくなって、体調を崩してしまうことがあるというのです。

心が求めるワクワクすることや喜びを追い求めて、一生懸命やりすぎてしまった結果、本来の自分のペースからズレてしまったのだと気づきました。

いまの自分は何をどんなペース（リズム）でやりたくて、本当は何を求めているのかという第二の声を、体を通じて聴くということに本気になってみました。

そのときから、ワクワクすることや喜ぶことを選ぶだけでなく、自分の状態やリズムに思いを一致させていくことが、調和と自然な流れをもたらすということを意識するようになりました。

そして、いままではやっていたことも、やらないという選択を徐々にすることに挑戦していきました。

## いくつもの自分の声から、いま必要な答えを得る

自分の声を聴くことにずっと向き合ってきてわかったことは、自分の声は一つだけではないということです。

だから、自分に答えを求めても、いろんな意見で混乱して動けなくなったり、そのときはいいと思って選択して行動したことでうまくいかないことが起こったのだと気づきました。

では、どのように今の自分にとっての道しるべとなる声を選んでいくのかということですが、これも、いくつか方法があります。

その中で、わりと簡単にできることは、体の感覚を感じてみるということです。

「いくつもの自分の声」の中で、そのときいちばん大きく鳴り響く声というものが必ずあります。

夫は、自称刺激が大好きです。だから、昔は、よく辛いものをより辛くして食べるということをやっていました。けれど決まって、お腹を痛めてしまうのです。

そして、そういうことが起こるのは、友人たちと一緒に過ごしているときが多かったのです。

それを繰り返していたので、

「あなたは今、本当に辛いものが食べたいの？」

と問いかけました。

「食べたいけどお腹が痛くなるのがイヤだ」

と言います。

「なんで辛いものが食べたいの？」

とさらに聴くと、

「辛い！　という刺激で盛り上がって、楽しいから」

だと言いました。


つまり、心には、友人たちといることが楽しくて、一緒に盛り上がりたい、楽しみたいという思いがあったということです。

辛いものを食べることで、一瞬それを感じることはできるけれど、体は痛みを通じて、「本当の望みを叶えるためには、その方法ではないよ」と教えてくれていました。それからは、みんなでどんなことを本当に体験したいかを考えるようになり、海に行ったり、ゲームをしたりして楽しむことで楽しそうな彼を見るようになりました。

体の声はわかりやすく、最適な選択と行動ができているかを教えてくれます。体の感覚は、「いくつもの自分の声」の中で、いちばん大きく響く声とも言えます。痛みを感じるだけでなく、いまやろうとしていることや、やっていることが、重い感じや軽い感じ……などの感覚をもとに選んでみることから始めていくと面白いです。

また、ワクワク楽しいと感じることだけを優先させずに、「楽しいけど、少しスローダウンしたいな」という感覚が体にある場合は、その声をちゃんとすくってあげると、自分にとっての最善のバランスがもたらされていきます。

それに気づいてから、真から楽しく豊かだなという瞬間が増えて、やりたいことは完璧なタイミングでできるようになりました。エネルギーを使うことがあっても、以前とは違って、心身ともに元気でいられることも増えました。

少しでも違和感を覚えたら、自分の中で鳴り響いている、いくつもの声を、いい悪いと最初から判断せずに、そのまま出してみます。

その中でいちばん大きく鳴り響いている声はどれだろう、と注意深く聴いてみるのです。わからないときは、心の声だけでなく、体が感じることを参考にしてみると、より自分の声が聴こえるようになります。

## 自分の声を聴くことで、体験を素養にできる

自分の声を聴くといっても、実際に音として聴こえない声を聴くことは、忙しいときや慣れないうちはとても難しく感じるかもしれません。

けれど、実は自分の声を聴く方法はたくさんあります。

たとえば、前のテーマでもお伝えした、体の感覚から自分の状態を知ること。

また、感情はとてもわかりやすく自分の声を教えてくれます。

その他にも、目の前の人や家族などの身近な人がよく言う言葉やメッセージも、自分自身の声そのものだったりします。

たとえその内容が反発したくなるような内容だとしても、意外と自分でそうしなきゃと無意識に強く思っていることだったりするのです。

出来事や目にする景色から自分へのメッセージとして自分の声を受けとること

や、何気なく目にした本や雑誌の一言、アートや音楽なんかからも、耳を澄ませて目をこらせば、いくらでも自分の声を受けとることができます。

その中で、もっとも続けてきて効果があった方法があります。効果があるとは、納得したり、落ち込んでいるときに力が湧いてきたり、悩んでいたことが解決して前進できたり、現実がどんどん変わっていくという個人的な感覚です。

それは、とてもシンプルなものです。

感じていること、見ていること、していること、考えていること、起こっていること、やりたいこと、やりたくないこと……などを、すべて「書き出す」という方法です。

とても地味な作業であり、ありふれている方法かもしれません。しかし、10代のときから約30年くらい続けてきて、とても効果があったと言えます。

悩んでいるときや元気がないとき、誰かに話をしたり、聴いてもらうことで、受け入れられたような気がして、スッキリしたり、落ち着いたりすることがあります。モヤモヤした気持ちが晴れてきて、それまで見えなかったことが見えたり、やる気が湧いてきたりするのです。

この状態は、小さなポイントを意識すれば、「書き出す」ことで同じようにつくり出すことができます。

思うに、私たちは、出来事をただ体験するだけでは、本当に体験したことにならないのかもしれません。

出来事として体験したことを、自分のフィルターを通して、自分の中で感じる、考えることをして第二の体験をします。

第二の体験で、誰もが同じように体験すること（たとえば、学校に行く、遊ぶ、喧嘩する……など）も自分だけのオリジナルな体験となります。

そして、それらを通じて感じたことや気づいたことを、自分なりに消化（昇華）して、成長と進化のステップや栄養にしたときに、本当にそのことを体験した、一つの体験を完了した、という感覚になるのではないでしょうか。

ここで大事なのは、「自分なりに納得する気づきを得る」ことです。

大変な状況にいるときや失敗したとき、誰かが「失敗は間違いじゃないよ」と慰《なぐさ》めてくれたり、「これからもっといいことが起こるから起きているんだ」と本に書いてあったりしても、そう感じられないときがあるかもしれません。本当に自分が癒やされ、腑に落ちる形や表現、タイミングは、人それぞれ違います。

私は、30代まで心から何でも相談できる人が、まわりにいませんでした。だから、苦しいときや悩んで一人でどうしようもないときは、たくさんの本の言葉や慰めに力をいただいてきましたし、先人の言葉や考え方などを取り入れることで、自分を引き上げる学びの機会になることも多かったことは確かです。

しかし、外からの力はきっかけになりますが、自分の言葉と感覚ほど納得することはないのだなと、あるときから気がつきました。

そして、感じたり、考えたり、悶々とする、または、抱えきれない感情を抱くのは、出来事を自分だけの本当の体験にする過程の一つとして、起こっていることがわかりました。

一つの体験を完了して、そこに隠された宝物や気づきを得るために、私たちは感じたこと、体感したことを自分の中で、いくつものフィルターで濾していくことをします。

本当の本当に受けとったほうがいい宝物は、過去の自分や現在の自分の考え方、視点、感じたことを超えたところにあることが多く、最初はよく見えません。

そのモヤは、まわりにいる人たちの声、環境、これまでの自分が持っていた捉え方のクセや感情、思考などです。

また、日々いくつもの体験をしている私たちは、一つひとつの体験を完了できていないまま、次の体験を重ねていきます。

それが積もりに積もっていくと、それもまた未完了のモヤになります。

たとえば、傷ついた出来事があっても見ないようにして未完了にしていることは、その体験で気づくといいことを受けとりきれていない消化不良の状態です。

消化して素養にするためには、ああだ、こうだと何度も考えたり、さまざまな感情に動かされたりする時間が必要になります。

そんなプロセスを通じて、本当に自分にとって大切なこと、その出来事の中で、きらりと光ることを見つけていくのです。

整理をしたり、そこにこめられているメッセージを明らかにしたりして消化する過程において欠かせないのが、自分の中にある、いろんな声や感情、考えを聴くことです。

心身と魂の素養にするためには、起こったことも大事ですが、他の誰でもない自分がどう感じたかに、すべての情報と答えがあります。

そのことを私たちは本能的に知っているからこそ、誰かに話を聴いてもらうということで、声に出して、目に見えない声を自分で聴いているのかもしれません。

# 書き出すことは、声を聴くこと

人間に潜在的に与えられている、創造的でパワフルな力を活用して生きていくためには、自分の声がすべてのヒントになり、道しるべになります。

いつもそばに、話を聴いてくれたり、導いてくれる誰かが実際にいなくても、ただ思っていることや考えていることを書き出すことで、起こった出来事に含まれた自分に必要な栄養を受けとり、次に何をすればもっと自然な流れに乗って、創造的に過ごすことができるのかがわかるようになるのです。

自分の声を聴き、道しるべにしていくために、私なりに見つけた、いくつかのポイントがあります。

最初のポイントは、自分との約束です。

書き出す前に、「これから書き出すことは誰にも見せないし、ジャッジしない」

ということを自分と約束するのです。

自分の声を聴こうとノートを書き始めたのが、小学生くらいからだったと思います。最初は、ノートがなくて、新聞や広告の端っこに書いていましたが、両親に見つかって読まれてしまうようになりました。すると、恥ずかしい気持ちもあって、表現するということをあまりしなくなりました。

中学生くらいからは自分のノートに書くようにして、それからずっと「self talk note」を書いていますが、何でも話すパートナーにさえ、絶対に見せません。

自分とそうやって約束することで、何でも表現してもいいんだという安心感が生まれ、自分の声を発することが自己信頼につながるからです。

この、「何をどう書いて表現しても誰も自分を判断したり、評価したり、傷つけたりしない」という安心と信頼を自分でつくり出すことが大事です。

2つめのポイントは、「受け入れること」を意識することです。

ここは最初とても難しいのですが、自分から出てきたどんな言葉も肯定し、自分に優しくあり、味方でいることが大事です。

自分の声と思うと、肯定して受け入れるというよりは、否定するほうが簡単かもしれません。また、反省の仕方が自分を否定する傾向がある（私は徹底的にそうでした）場合は、特にそうなりやすいです。

最初は否定しても構いません。否定した後は必ず、

「○○と感じるのはとても自然だね」

「○○と考えることで自分を守ってきたんだね」

などと、ここからはゲーム感覚で、最高のカウンセラーになったつもりでコメントするように書き出していきます。

「ダメだ、ダメだ……」と散々思って、書き出すことをしたら、いったん「ダメなんだね」と受け入れて、ピリオドを打ちます。

ここで言う「肯定的になる」というのは、無理に「ポジティブになる」ということではありません。

本当は、そのままいいも悪いもなく、自分の声にニュートラルに向き合えたらそれでいいのですが、悩んでいたり落ち込んだりしているときには、大抵は自分

の内側では、無意識に「自分なんて……」という否定的で批判的な声が強くなっています。

どんな思いや考えでも、

「ひとまず、いまはそう感じているのが自分だから、これでいいんだ」と感じていることを許すことが、「肯定的に受けとめる」ことであり、そうすることで初めて、次のフェーズに行けるのです。

そして、3つめのポイントは、本当に望んでいることを知ることです。

受け入れた後は必ず、「本当はどうしたいのか」を自分に問いかけます。

この問いかけによって、「本当はどうしたいのか」の答えがすぐに出なくても、あなたの目の前に、いつでも一歩進む方向を、示してくれます。

10代、20代の頃は、一気にすべての問題が解決したり、叶うということが「答え」だと思って、とても力んで生きていたと思います。

どれだけその答えが小さなことだとしても、たった今どうしたいと思っているかが見えたとき、次の道がスッと現れます。

その積み重ねで叶うということがわかってからは、いま踏み出すべき一歩とまでいかなくても、0・1歩を見つけることが「答え」なのだと思うようになりました。

「答え」とは、「こうしたい」と心の奥でただ思っているだけでなく、「その考え方を選ぶ、それに決める」ということです。具体的な行動が見えてこなくても、この選ぶ、決めること自体が大きな一歩になります。

自分のすべての考えや思いを受け入れるというプロセスを経て、「本当はどうしたいか」と問いかけていくと、グルグル同じところをまわっていても、新しい次の景色が見えやすくなる気がします。

# 自分の声を聴く4つのステップ

心や頭や体の中に溜まったものを、いったん出して整えたり、クリーニングしたりしながら、きらりと光るように感じるメッセージを受けとって、ステージを完了させ、次のステージに向かうのです。

## ステップⅠ　「出す」

これから書き出すことは誰にも見られないと自分に約束をして、どんなことでもいいから、まず、いまの自分の中にあるものを書き出して、目に見える形にしてみます。

これは、誰かに愚痴や悩んでいる話をして、聴いてもらうような感じです。

## ステップ2 「明らかにする」

自分が実際に何を思っているのか、考えているのか、悩んでいるのか、感じているのかを、そのまま、何もジャッジせずに書き出してみます。

ここでは、自分の中で起きていることや、どんな声があるのかを明らかにしていきます。

## ステップ3 「受け入れる」

ここでは、書き出したすべてのことを受け入れていく、ということを能動的にしていきます。

きっと、自分の中で「ああでもない、こうでもない、こうしてはいけない……」などのおしゃべりが始まるかもしれませんが、ここで大事なのは、「ああ、そうなんだね」と、いま感じていることを自分に許して、受け入れること。

思いや考えをどんな視点だと気持ちよく受け入れることができるか、ゲーム感覚でコメントやメッセージを自分に伝えていきます。

これに慣れてくると、ふだんの日常生活でも生きることが少し楽になっていきます。

## ステップ4「望みを知る」

本当はどうなってほしいかを素直に思うがままに、そのまま書き出します。叶うか叶わないか、難しいかどうかはすべて脇に置いておきます。

悩むというのは、いまの状態が本当に望んでいるものと違っているときによく起こります。

本当に望んでいることを書き出し、気づく（そのことを選ぶ）ことで、「あぁよくぞ聴いてくれた！」と、いままで何らかのプレッシャーで、きゅっと細くなっていた心のパイプが柔らかく開いて、爽やかな風が通り、力を取り戻した気持ちになります。

人にとっては、望みを知った後に、どうしていくかなどの行動や目標を書き出したほうが楽になる場合もあるでしょう。

けれど、ここでは行動というよりは、自分の声を聴くことと自分自身の思いや在り方を意識することに集中します。

第3章

# 自分のいちばんの味方になる

## 誰のための人生なのか

## いちばんの親友は自分自身

自分の中にバランスを見出すことは、この世界で生きていくことをもっと楽にしてくれます。そのために、自分の中のもう一人の自分と対話する、ということの面白さを10代の頃に学びました。

小、中学生くらいのとき、落ち込んだときによく読んでいた本で『やったじゃない！マイフレンド』（ポプラ社）というものがあります。のちにジブリで映画にもなった『おもひでぽろぽろ』の原作者、岡本螢《おかもとほたる》さんの本です。

その内容は、主人公の女の子トミが、自信のない自分やお友達に嫉妬したりしてしまう自分を大嫌いになりながらも、自分のよさに気づいて、大好きな友達とも自分自身とも仲良くなっていくというようなお話です。

その中でいちばん私がしっくりきて取り入れた習慣が、トミがことあるごとに鏡を覗いて、鏡の中の想像の理想の自分に「ミト」という名前をつけて、対話をしていくというものです。

たとえば、トミが「こんなことするのって、ひどいと思わない？　もうあの子のこと、嫌い」と泣きながら鏡に向かって言うと、鏡の中のもう一人の理想の自分であるミトが、「でも、あの子もつらかったのかもしれないよ」と、トミには思いつかない新たな視点や大人っぽいアドバイスをくれるのです。

時に、黙ってトミに寄り添ったりすることもあります。

私の中には、大人っぽい、時に、大人を静かにさせてしまうような言葉を発している自分と、甘えん坊で寂しがりでおやつ大好きで、自信が持てない自分の二つの存在がありました。

だから、このトミとミトの関係性にとても共感して、こうして違う自分同士で話をすれば、バランスがとれるかもしれないと思えて、救われた気持ちになりました。

何より、大好きな人はたくさんいたけれど、考えたり感じたりしていることを何でも話せる人がいなかった私は、自分の中に親友という心強い存在ができたような気がしたのです。

それからは、部屋の窓から星空を眺めて、大好きな音楽を流しながら、自分とのおしゃべりを毎晩のように楽しむようになりました。

すると、自分のやりたいことや興味のあることがどんどんクリアになっていき、現実と自分の存在でうまくバランスがとれなくなると、両親に癇癪《かんしゃく》を起こしてしまうこともあったのですが、それも次第におさまっていきました。

## 自分の内側は、いつでも変えられる

中学時代のイマイチな私が、新しい光を見つけるまでをふり返ってみます。

中学生になって初めてのテストが終わってテスト用紙を返されるとき、担任の先生から「小学校の評価で期待していたのに、点数がイマイチでガッカリした」とみんなの前で言われてしまいます。そしてそのとき、私はイマイチなのだという刻印を自分で自分に押しました。

まわりには、小学校にはいなかったような美人でかわいい子がいましたが、鏡を覗いてみても、決して美人ではないし、肌もあの子みたいに色白じゃない。しかも、先生の信頼も初っ端から失ってしまい、ただでさえ新たなクラスメイトの中で緊張していたのに、自分の存在に対する自信が手のひらからどんどんこぼれ落ちていくように、自尊心がなくなっていきました。

そんな中、クラスの人たちの投票でクラスの代表委員になってしまいます。

クラスの代表委員をする子たちはみんな、男女とも優秀な成績を収めている子たちばかり……。成績は中くらいの私は、代表委員で集まる会議のときも、とてもバツが悪い気がしていました。

それでも、学校の勉強はどうも興味が持てなかったけど、クラスのみんなの話を聴いて意見をまとめたりすることが、とても楽しく感じられました。

あるクラスでは、不登校のクラスメイトがなぜか私に心を開いてくれたので、話を聴いたり一緒に過ごしたりしているうちに、学校にくるようになりました。

私がクラス委員としてまとめ役だったこともあったと思いますが、当時の担任の先生が、クラスのことだけでなく、自分のことも、いろいろと相談してくれるようになりました。

ある一つの場所に何人か集えば、考えや思いの違いが必ず生じます。

いろんな家族や幾つかの人の集まりの中で、各所で調整役になって場を収めることが多かった私は、いろんな人の気持ちを察することや理解することが少しだけできました。

けれども、もっと先生の悩みの原因や人間のことを知りたいという思いが芽生えました。

同時に、本当に私は自信を持てない人間なのだろうかという、悶々とした思いがありました。

そんなとき、家族のことで、いろいろと悩むことがありました。

中学生ながら、白髪が出るくらいにすっかり心が疲れた私は、自分自身の現実に対する混沌《こんとん》とした思いを、どのように対処すればいいかわからなくなってしまいました。

早く気持ちが楽になりたくて、近所の本屋さんに行きました。

そのとき初めて、人の生き方や心のことに関しての本のコーナーに足を運びました。そこの本棚だけキラキラしているように感じて、とてもワクワクしたのを覚えています。

というのも、いま自分が知りたいことがタイトルに書いてあって、本の数だけ答えを知っている先生がいる気がして、本屋さんという場所がたくさんの師が集う館に見えたからです。

その中で出会った本の師である臨床心理士の金盛浦子《かなもりうらこ》さんの言葉からは、自分やみんなの中にある心の存在と、心の正しい使い方の方向性を知ることができました。

この目に見えない心や魂のようなものの存在は何となく感じてはいたけど、実際に存在することを知って、生きている世界がぐっと広がった感じがしました。

そして、目に見えるところではまったく自信が持てなかったけれど、自分の内側の世界では、学んでいけば、いくらでも力を蓄えることができるような気がして、ワクワクしました。

すると、もっとその世界のこと、人間の可能性について知りたくなって、古本屋さんで海外の師にもたくさん出会いました。

たとえば、カーネギーやナポレオン・ヒルの文庫本を買ってきて読んでは、ワクワクしたところを実践してみたりしました。

心の存在の他にも目に見えない意識の広さと可能性に気づいてから、大人たちの問題もクラスの問題も、どうすればいいのかが何となく心に浮かぶようになりました。学校の勉強はわからないけれど、人間関係の問題は、本での学びや視点がきっかけとなって、パズルを解くような感じで楽しみながら感じていくことができるようになりました。

自分の学びと共に心と自分の内側の力の使い方を少しだけ知った私は、成績も女子としても相変わらず最後まで自信がなかったけれど、自分の中にある原石に気づき、磨き始めることができました。

中学生の私の話を真面目に聴いてくれたり、子どもとしてでなく、人として対等に接して、意見を受け入れてくれた先生のおかげでもありますが、自分が得意で楽しいと思えることを、いまいる場所で一所懸命にやっていったことで、その後の私の生きるテーマとなる「人としてどう生きるか」という、一生探求したい世界を見つけることができたのでした。

## 自分のどんな過去も思いも否定しない

大切なのは、いままで自分が大切にしてきたことを、どんなことでも否定しないことです。

20代のとき、本当にしたいことをするために、新卒で入社した地元の百貨店を出て、前の会社の3倍の広さとスタッフ数の都内のアパレルブランドで働くことになりました。

新しい職場は、もっとも大好きだった接客に集中できるので、思いきりお客様とのつながりを楽しめるだろうと、ワクワクした気持ちでいっぱいでした。

しかしながら、新しい環境では、いままでいた世界とは外国くらい違って、正しいとされていることも、コミュニケーションやルールも、まったく違いました。

いままでの地方でのやり方しか知らない私は、一所懸命新しいやり方を学ぼうとしましたが、うまくいきませんでした。地方のお店でうまくいったことも、場所が違えば、むしろしなくていいことだったりします。

初めてだから仕方がないのですが、やることなすこと、ことごとく怒られてしまいます。

それでも、接客だけは得意だったので、初めてのお客様でもたくさん買っていただけましたが、目の前の一人のお客様を大切にしていたこれまでのお店の接客の仕方をすると、

「他のお客様も何人も同時にやりなさい！」

とお客様の前であっても、強く怒られてしまいます。

そんなことが続いてから、目の前の仕事に集中できなくなって、いままでしなかったような小さなミスをするようになりました。

あるとき、前職場の顧客様がわざわざ新幹線に乗って、私に会いに来てくださいました。選ばせていただいたものをすべて購入してくださったことで、その日一日分のお店の目標を超える金額になりました。

「これで上司もお店の仲間も喜んでくれるだろうか」なんていう考えがよぎり、お客様が喜んでくださることよりも、そんなことを考えながら接客している自分にびっくりして、「何を考えているんだ！」とすぐにかき消しました。

また、そのお客様につきっきりになっていたため、ひどく叱られてしまいます。その様子を目にした顧客様は気をつかってくださり、すぐに帰ってしまったのです。

「わざわざ3時間もかけて来てくれたのに……」という申し訳ない気持ちでいっぱいになりました。そして、初めて職場のトイレでこっそり泣きました。

そんな私でも、売り上げだけはなぜかよかったのですが、

「あなたは人徳だけでうまくやってきたのね。ここでは通用しないよ」

と言われて、お給料も下げられてしまいます。

まわりのスタッフの頑張りやこれまでの努力や忍耐を感じたり、今ここでの私の価値を思うと、当然だろうと思えたので、心してすべてを受けとめました。

それよりも、人徳ではうまくいかないのだという言葉に、自分を丸ごと否定さ

れたように感じてしまい、すっかりやる気を失ってしまいました。

いま思うと、その真意は、「もっと大型店の接客力と仕事のやり方を磨きなさい」ということだったと思います。

いまでこそわかることなのですが、あのときはみんな厳しい中で育てられてきていて、大型店に課される大きな目標数値やプレッシャーや強い思いが、それぞれにあったのだと思います。

誰しも、真剣さと厳しさという情熱で、とても強い言葉とエネルギーを自分にも他人にも発してしまうことがあると思います。当時の私は、真意を汲みとる前に、その厳しさのエネルギーだけを目いっぱいに感じてしまって、身動きできなくなってしまいました。

たくさんのお客様に、あまり時間をかけすぎずこなし、欲しいものをご提案して、喜んで買って帰っていただくことが大切とされていたところで、目の前の人に時間をかけて丁寧に接客する私のスタイルは、そこの売り場においては、他のお客様に対して失礼にあたることだったのかもしれません。

けれど、すっかり力を失ってしまった私は、どんどん自分を否定したり、自分の大切にしてきたことさえも否定するようになって、本当はそこで働く人たちの優しい笑顔や楽しいひとときもあっただろうに、その光が見えなくなっていました。

「すべて大切なものを置いて出てきたのに、私は何のためにここにいるんだろう」と毎日思いました。そんなときに、この土地に来たもう一つの理由である、コーチングを学ぶプログラムがスタートしました。

休みの日に電話で授業を受けて（当時は電話で複数人数で授業を受けるスタイルでした）、学んでいくうちに、コーチングにも、いくつかの考え方があるのを知りました。

当時はあまり学べる場がなかったので、スクールをしていない人には、自分で連絡をとって会いに行って話を聴いて、いろんな視点からコーチングを自分なりに感じて、腑に落としていきました。

そのうち、イベントなどを通じて新たなご縁ができ、人の生き方に興味がある人、自分を向上させたい人が集まっていて、そこでの会話やつながりが、また私自身に力を与えてくれました。話したいことや興味のあるテーマについて、思うままに話し合える場が、これほど自分らしくいるために必要だったのかと知りました。

自分の好きなことをする時間をつくって気力を取り戻していった私は、職場でも、新たな接客の仕方やチームとの連携の仕方などをどんどん自分に取り入れていきました。

自分の色は接客のときお客様にだけ出して、あとはすべて新しい場所に溶け込むことに集中したのです。

ここに来るときに、「自分が大切にしてきたことや思いは手放さなくていい」という学びを得てきたのも思い出して、目の前の人は大切にしつつ、他のお客様も同じくらい大切にするやり方を見出せばいいんだ、という自分なりの軸を掲げました。

そして、同時に数人のお客様をチームのみんなと連携しながら、質を落とすことなく接客できるようになって、売り上げも客数もどんどん伸びていきました。

それは、私自身が新たなやり方を受け入れたということだけでなく、これまで自分が大切にしてきたことや自分の声を否定せずに、過去の自分も受け入れながらやったことが大きかったのだと思います。

# 何があっても、自分を裏切らない

自分の本当の味方になったとき、まわりの人たちとの関わりが本質的に変わっていきます。

考え方や生き方には、正しい、大切だと感じることが人の数以上、星の数だけあるように感じます。

海外を旅して、いろんな文化や人の考え方に触れたり、これまでたくさんの人の人生の話を分かち合わせていただいた経験から、自分でいいと思った行動が誰かにとっては不快なものであることも、石ころが足元に転がっているようによくあることだとわかりました。

だから、せめて自分だけは、いつも感じる感情や思いに味方でいようと思いました。

あるときまで、内側では自分に厳しく、律するように生きてきて、そのクセはいまも抜けないことがあります。

けれど、人間的な成長や洞察《どうさつ》を生み出す体験はいつも、自然と生まれた感情や思いを、私自身が優しく受けとめたり、応援したりしたときに生まれました。

それに、自分が勝手に心の中で思っていることですから、そのことで、実際に誰かを傷つけたり、怒られたりすることはありません。

ですから、もし罪悪感が生まれてきても、安心してこっそり自分の味方でいればいいのです。このことができるようになるのに、私自身もとても時間がかかりました。

誰かに「味方だよ」と言ってもらうことも素晴らしいパワーとなりますが、自分自身の味方でいることは、その何倍ものパワーがあります。

自分の味方でいることができると、もし方向性が間違っていたり、もっと違う視点から見るべきときには、なんかおかしいなという違和感や滞る感じ、心が重い感覚、罪悪感などで知らせてくれます。

それでもそのサインをキャッチできなければ、もっと自分にとってわかりやすい形で教えられたり、目に見える現実がスムーズじゃなくて、いったんストップさせられるなどの形で、現実はちゃんと教えてくれます。

しかも、いまの自分が受けとることができる（と判断された）形と的確なタイミングで起きるのです。

「いまの自分が受けとるべきタイミングで起きる」と捉えると、思考が悩みにどっぷり浸かっていても、「私にとって解決し、前進するべきタイミングとして起きたことならば、何らかの大事なメッセージや前進のためのヒントがあるはずだ」と視点を変えることができます。すると、灰色の雲間から一筋の日差しが放射状に広がって、本当に見るべきものが照らされて見えてくるようになります。

そう思うことで、なぜ、この出来事が起こされているのかを見つける原動力を得て、顔を上げて生きていける気がするのです。

あらゆる思いを、いろんな角度から見つめてきて思うことは、どんな思いや考えも、自分を守り、より幸せにしようとして、自分を支えてくれている愛しい存在であるということです。

表面的には不快になるような出来事があっても、自分の味方になって、その体験をじっくり見つめていくと、どの体験も自分を傷つけるどころか、守り、本来自分が生まれる前に望んできたほうへ導こうとしているのだと理解できます。

自分の味方でいることで、より一層、起こることすべてが味方として、自然とベストなタイミングで起こされてことを、数えきれないほど、身をもって体験してきました。

## 創造するパワーを取り戻す自分への寄り添い方

あるとき、友人が大好きなパートナーと関係性がうまくいかなくなったときがありました。

そのことを聴いたとき、彼女の中に、いろんな思いがスタックしている感じがしましたので、

「いま相手に感じていることを自分で知るために、まずは書き出してみたら？」

と伝えました。

すると、友人は、

「大切な相手のことを悪く書いてしまいそうで怖い」

と言いました。

「大切な人に対して怒りなどの感情を持ちたくない」「そう思ってはいけない」

という思いは、誰かを思い、愛するときに、相手への敬意や思いやりから生まれるものだと思います。

特に、愛情深い人は、そういった感情が生まれやすいかもしれません。

それに、怒りや許せない気持ちを持っているとき、それらの感情を持つ自分を認め、受け入れるのはとても勇気のいることです。

そんなときは、感じていることを知ろうと無理せず、ただ傷ついたり、疲れている自分を、大切な誰かにするように慰めてみるのです。

おそらく、もう充分に自分を制したり、反省したりしているはずなので、ただただ、慰めて安心させてあげるのです。

私たちは、安心することで信頼するスペースが生まれ、何かを受け入れたり、表現したりすることができるようになります。

そして、少し落ち着いたら、どこからこの気持ちがくるのかを優しく聴きながら、その奥にある本当に望んでいることを見つけます。

結局、彼女は勇気を出して、本当に感じていることや望んでいたことを、少しずつ書き出し、向き合いました。

するとと、面白いことに、それまで相手に「話そう」と誘ってもなかなか話せずにいたのに、彼女のパートナーの方からこれからのパートナーシップについて話し始めたと言います。

内側の思いが現実をつくるのだなと改めて感じさせてもらった出来事でした。

自分に寄り添う過程で、何かに対して心から謝りたい気持ちになったら、直接相手にできなくても、心の中や紙に書いてもいいので、思いきり謝ります。

誰かに感謝したい気持ちになったら、思いのままに感謝します。

傷ついて怒っているときは、素直に「本当は怒っていたんだね」と受けとります。

相手に対して直接それをするのは難しいことも、自分の中だと思いきりできることがあります。

そして、その本当にしたいことをまずは自分に対してやることで、驚くほど癒やされ、突き抜けることがあります。

そして、本当にやりたいことや、ありたい状態が見えてきたときに、罪悪感がやってきたら、罪悪感が発する言葉の表現を、いまの自分がもっと楽に行動を起こせる表現に変えてしまいます。

とにかく、自分を癒やし、寄り添うと決めたら、親友や大切な存在だったら自分に何と言うか、どんな関わりや対話をするかをイメージして、思いやったり、理解しようとしたり、背中を押すような言葉がけをどんどんやっていくのです。

このようにして、自分の味方になり、寄り添うことを根気よく意識的に続けていくと、他の誰かに言ってほしい言葉や外側に欲していることを、自分の中で満たしていくことができます。

すると、いままで傷ついたり（自分で自分自身を傷つけたり）することで起きていた出来事が、もっと自分に優しい出来事に変わります。

傷ついた自分を修復するために使われていたエネルギーが充電されていくので、潜在的な力がどんどん引き出されていきます。

その力とは、こうなったらいいなという思いや想像することをスムーズに現実化していったり、会いたい人にベストなタイミングと流れで会えるようになったり……などの、夢を現実にしていく創造力です。

また、自分が元気に満たされて、循環するだけではありません。

他の誰かに対しても、自分の中に滞りやズレがないので、真っさらな優しさや愛しさを伝えていくことができるようになり、結果的に、多くの関わる存在に、光を灯していくことになるのです。

# 人間関係の前に「自分関係」を大切にする

誰かのことや、わからない出来事を本当に理解したくて、やっとたどり着いたのが「自分関係」という考え方でした。

「自分関係」とは、自分の中に、いくつも存在する自分同士の関わり合いのことをいいます。自分という存在は一つですが、自分の中には、いくつもの声、考え、感覚があります。

たとえば、頭では、これをやらなくてはと思っていても、体が動かないときがあると思います。頭の声である「これをやらないといけない」という声と、心と体の「それはいまではない」「もっと違うやり方をしたほうがいい」というような声が、ぶつかっているときです。

体や心、頭などの、いくつもの自分たちが、対話をしたり、ときに無視をし合って無理をしたり、ぶつかりながらも手を組んだりしながら、「私」という存在を支えています。

理解したことは、この「自分関係」がうまくいったときに、その鏡としての現実での人間関係がうまくいくということです。

「自分関係」がうまくいくとは、自分にとって理想の人間関係のような関わり合いを、自分同士でできているという状態です。

そして、それができているときは、ありのままの自分でいても、まわりの人を不快にしないどころか、むしろ、その状態を望まれ、何気なくした行為が喜ばれるということが起きていきます。

「自分関係」で、主に注目していくといい、二つの自分があります。

さまざまなことを感じたり、考えたり、体験したりする、性格や考え方をよく知っているような自分と、そんな自分のずっとそばにいて表には出てこないけど、見守ったり、導いたりするような内側にいる自分の存在です。

どちらも自分なのですが、性格も価値観も意見も感じていることも、同じようでいて、時にまったく異なる場合があります。

自分関係は、人間関係ほど目に見える情報が多くありません。肚《はら》のあたりの自分の中からは、感情や感覚として、いろんなメッセージが常に発せられていきますが、毎日現実を一所懸命に生きていれば、気づかないこともあります。

そんなときは、身近な家族や友人、仕事で関わる人などを通じて起きていることを見つめてみるといいでしょう。そこには、顕在的には気づかなかった状態を知ることができたり、それによって、自分を立て直したり、最善の自分を生きるためのメッセージがこめられています。

たとえば、自分は元気に仕事をどんどんこなしていたつもりでも、一緒に働く仲間が体調を崩すことが続く、という出来事があるとします。

ここでは、なぜ体調を崩すのかを理解する必要がありますが、その理由が、本来の自分のペース以上に働きすぎていることであったり、本当はやりたいこととは少しズレていることをし続けていたからだとします。

仲間たちが体調を崩すことは、彼ら自身の問題でもあるので、まわりのことまで自分の責任として、一人で背負う必要はありません。

けれど、もし「自分関係」へのメッセージを受けとるとしたら、「実は、少し無理していないだろうか」「本当に自分のリズムで働いたり、本当にやりたい仕事ができているか」ということを、自分に見せてくれているのだと受けとることができます。

そうやって、何度も自分の声を省みて対話するきっかけを見出し、体調を崩すことも、仕事やプライベートが滞ることもどんどんなくなっていきました。

何度もいいますが、「自分関係」は、すべての人間関係と現実の創造の源であり、軸であり、素（もと）です。

いま何気なく出会っている人たちは、自分関係次第で、いつでも自分の家族のように、あたたかい大切な存在になり得るし、最適な距離感で、自他ともに助け合い、学び合い、支え合うご縁となり得ます。

ふだんから、どれだけの深さで自分を受け入れ、理解しようとし、自分と関わっているか。これと同じ深さと視点でしか、相手のことを理解できないものだということもわかりました。
誰にでも、目に見えないところに、果てしないその人が歩んできた体験や感情のストーリーがあります。

「いま目の前の人が何気なく向けてくれた笑顔の奥には、その人が流した、いろんな涙や壁があったのかもしれない。それらを乗り超えて光を見出してきた結果の笑顔かもしれないし、本当は苦しくて余裕がなくても、残っているぎりぎりのエネルギーを使って笑ってくれているのかもしれない」

「自分関係」を大切にしていくと、誰かの笑顔や何気ない優しさを尊び、感謝することができるようになります。
そして、それを育んでいくことは、暗い夜空の中に、最初は見えなかった星を一つひとつ見つけていくことのようだと感じるのです。

第4章

# 出来事が示すサインを知る

滞りのあとに開かれる次の扉

# 悶々とした感情や違和感が示すサイン

さまざまな体験を通じてわかったことがあります。

「本当にしたいことは何だろう?」という自分の中の声は、ワクワクしたクリアな感覚を伴ってやってくるだけでなく、実は、「悶々とする感情」を通じて響かされていくということです。

「悶々とする感情」や違和感は、現在の状況や環境と、いまの自分がやりたいことや本当に大切にしていきたいことの、ズレを知らせるサインだったのです。

私たちは、ゲームのように、いま立っている場所でやるべきことをやりきると、次の新たなステージに立たされていくようです。

新たなステージでは、出会う人もやっていくこともやり方も、話す言葉の表現や内容さえ違うことがあります。まるで外国に来たような感じです。

ただ、ここからが新たなステージですよ、というわかりやすいサインもなく、扉を開くという感覚もないので、新たなステージに立っていることに気づかずに、いままでと同じ行動、思考パターン、在り方で過ごしていきます。

そのうち、前にいたステージと同じ生き方が合わなくなっていくので、どんどんズレていきます。

いま本当に大切にしたいことから、自分の心や思考、行動がズレていくと、自分から遠ざかりすぎないように、違和感やモヤモヤという、わかりやすい感覚でお知らせがくるようです。

悶々とするときは、しっかりその感覚（お知らせ）を味わいつつ、あまり飲み込まれすぎずに、「あぁ私は、もうすでに新たなステージに立っているのだ」という本当のサインに気づくと、少し楽になります。

何に悶々としているのか、何がどうなったら気持ちが輝いていくのかをじっくり静かに見つめてみると、いま本当に大切にしたいことが見えてきます。

そのプロセスは完璧なタイミングで行われていくので、時間がかかっているように感じてもそれで正解なのです。

そして、その立ち止まっている時間はときに滞っているように感じて焦ってしまいそうになることもありますが、いま思うとそのプロセスや時間が、その先の出来事をどれだけスムーズに自然に、自分にとって最善に導いてくれていたのか、よく理解できます。

わかりやすく何かを成したり、達成したときだけではなく、立ちどまり、じっくり悩み、感じたりする時間は、立派なステップアップだと思います。

そんなふうにして、軸となる思いを純粋に受け入れたとき、空白だったステージの垂れ幕に演題が現れ、いままでぼやけていた新しい世界の景色や、そこにいる人たちの顔が少しずつ鮮明になっているのがわかるでしょう。

## 助けを素直に受け入れると流れが変わる

人生には、本当に「助け」というものが存在するんだ、と感じた、ある出来事があります。

前の章でもお伝えしましたが、新たな職場に挑戦したとき、自尊心も体も心も疲弊してしまっていた時期があります。

そんなある日、あるイベントで、たまたま隣になった女性がいました。

彼女は、小さい頃から神様や天の見えない存在たちの声が聴こえて、対話もできたと言いました。そのとき教えてもらったのは、天の世界には、神様のような存在もたくさんいて、その中の、どの存在につながるかでメッセージの視点の深さが変わるのだということでした。

彼女は、その力があまりに強かったので、その人の受けとるタイミングを考慮すると、誰にでも伝えることは、時に難しい状況を本人にもたらすことを知っていて、公にその力を使うというのをやってはいなかったようです。

そんなことも話してくれた後、「今どうしても、あなたに伝えなければいけないことがあるのですが、もしよかったらお伝えしてもいいですか？」と言われて、そういうことは初めてだった私は、興味本位でお願いしたのでした。

すると何も話していないのに、私が野菜が苦手で、ストレスでお菓子ばかり食べていたことなどを言い当てられて、とても驚きました。

「最近、空を見上げて話しかけてくれなくなったね」

と言われたときは、もっとびっくりして、涙が出ました。

子どもの頃から、毎晩部屋の出窓に座って星を見上げては、夜空に向かっておしゃべりをしていたのですが、終電近くで帰ったり、ビルの中でほとんどの時間を過ごしている生活に疲れ果てて、空を見上げる余裕さえなくなっていました。

「いつでもそばにいるから、星を見上げて話しかけなさい。答えや助けを求めなさい。そうすれば、手を差し伸べることができる。切り離されたと思ってずっと孤独を感じてきたようだが、あなたのことを愛していることは変わらない。これからもずっと……」というメッセージをもらいました。

その言葉をいただいて、本当にしたいことをしにここに来たはずなのに、本来の自分から随分と遠くに離れてしまっていたことに気がつきました。

帰り道、「もう一度、自分と手をつなぎ直さなきゃ」という思いがはっきりと浮かび上がり、みるみる内側から力が湧いてくるようでした。

そんな大切なメッセージを受けとるきっかけになった彼女は、その後まったく連絡がとれず、名前さえも記憶に残らず、その後お会いすることは一度もありませんでしたが、人生の助けだと思って、数十年たった今も感謝しています。

## 自分とつながり始めて起きた出来事

そんな出来事があって2、3日した後に、なんと両親がそれぞれ同じタイミングで病気になって手術するから、帰ってこられないかという連絡が来たのでした。突然のことに一瞬たじろぎましたが、自分とつながり始めていた私は、とても静かな気持ちで、「これも何かの流れかもしれない」と思えたのです。

自分の中の声に耳を澄ませたとき、「いまは両親のそばにいたい」という心の声が聴こえた気がして、その言葉がとてもしっくりきたので、すぐに荷造りを始めました。

翌日には、思いきって会社を数ヶ月休む届けを出して、地元に帰りました。

地元に戻ってからは、両親の世話で、それこそ一日中、病院にいるような生活に、毎日クタクタでしたが、大切な人たちと一緒にいることができる時間が愛しくて、昔の素直な自分にどんどん戻っていくような気がしました。

いまの私にとって、もっとも大切にしたいのは、心から安心できる人と、あたたかいつながりの中で一緒にいることだったんだと、その生活を通じて、やっとわかったのです。

病室の小さな窓から、小高い山々や空が見えました。それまでも同じ空の下にいたはずなのに、ビルの中ではまったく、それらを感じることはありませんでした。でも、いまは感じられている。そんな自分の心と環境に、ただただ感謝の思いが湧いてきました。

それまでの日々の中で、ストレスで乾いていた私の心は潤っていき、数年ぶりに、自分のパワーと感覚を取り戻すことができたのでした。

ほとんど自分を取り戻して元気になった頃、知り合いから近所の公民館で、「コーチング勉強会」というものをしているので来ませんか、というお誘いがありました。

仕事と並行して、自己流で学んだコーチングをすでに実践していたこともあって、参加費500円の小さなセミナーに軽い気持ちで参加しました。

そのときに出会った仲間たちやテーマが、その後の私の本当にやりたい次のステージのライフワークにつながっていくことになります。

さらに、そこで講師をしていたのが、いまの夫であり、仕事と人生のパートナーになる彼だったのです。

## 変えられないと思っていたことが変わるとき

さらに、その後また新しい流れが起こります。

数ヶ月の看病の末、両親が回復し、自宅で過ごせるようになったので、会社に久々に戻ると、職場がすっかり変わっていたのです。

というのも、休む前の職場は、みんないい人だったけれど、とにかくミスしないようにそれぞれがピリピリと働いているような感じで、時に職場で涙を流す人もありました。

復帰してみると、それまでの人事がガラリと変わり、新しい上司はとても穏やかで働くことをみんなで楽しもうという方で、職場のみんなも笑顔と活気を取り戻し、前とは雰囲気がまったく違う場所になっていました。

いったん、まったく別のことをして遠まわりしたような、その場から逃げてしまったような気持ちになることがあっても、自分自身が、いま大切にしたいことをできる限り選んで行動していくことで、変えられないと思っていた現実が、本当にわかりやすく変わりました。自分の思いと現実は、本当につながり合っているのだと感じた出来事の一つでした。

その後、新たなライフワークをするためにその職場を退社することに決めたのですが、最後は素晴らしいチームメイトと軽快なチームワークでとても楽しみながら、いちばんやりたかった私らしいお客様との関わり、接客を思いきりやることができました。

大変だと感じていたり、その真っ只中にいるときは、この変えられない現実の中で、どう生き延びていくのかという感覚になることがあります。この世界しか自分にはないのだという気持ちです。

実際に、世界中で暮らしてきて感じたことは、今ここで日が暮れていくときも、別の場所では日が昇っていて、ここではよくないとされていることも、別のところでは素敵だと称賛されることがあるということです。

つまり、自分が生きることができる世界は、今いる「ここ」だけではないということです。

これは、現実的な場所のことだけをいっているのではなく、思いの置き方、視点、エネルギーをどこに合わせるかということでもあります。

いまこの瞬間には、いくつもの世界が常に存在しています。

思い方、自分への接し方、行動の仕方で、「変えられないと思ったことも、変えられることがある」ということを何度も人生で経験しました。

同じ場所にいながらも、こうしようと自分で決めたとき、本当に世界のチャンネルがカチッと切り替わって、いままでと違った体験を起こしていくことができるのです。

# 常に、いまはプロセスの途中

人間の体が何をどのように食べても消化しようとして、必要な栄養素として吸収し、排出し、常に生きる方向へ向かっていくように、さまざまな出来事を振り返ってみると、本来、必要なことはすべて、自然に起こされていくものだなと体感します。

そして、私たちは、常に完璧なタイミングで成長、変化し続けていきます。

数年ほど前からご縁があって沖縄にお家を借りています。年中あたたかい場所なので、元気な虫がたくさんいて、お庭の木々の葉がすっかり虫に食べられてしまうという時期があります。

庭づくりを始めたとき、植えたばかりの新芽が虫に食われて、ギザギザになってしまった葉っぱを見て、悲しくなったことがありました。

「あれが悪いのかもしれない、これがよくないのかもしれない」と、お庭を見るたびに複雑な気持ちになっていました。

けれど、ある庭師の方から、

「最初植えたばかりの植物は、いったんは、ほとんど虫に食われてしまうが、その後より強くなって、その庭に根づくんだよ」

という話を伺うことがありました。

それからは、いまのこの状態は、より強くなって根づくための大切なプロセスの途中なのだ、と思えるようになり、植物たちを信頼するようになりました。

実際に、薬を使わなくても、ハーブや植物が短期間でどんどん大きく育って、レモングラスやホーリーバジルは、最初は10センチくらいの小さな苗だったのが、1、2年で人の背丈くらいの高さまで生い茂っているのです。

植物たちが教えてくれたことは、一見うまくいかないように見えることも、より善き道に向かって進化している途中の状態であり、変化と再生と成長のプロセスの一つだということです。

また、苗を植えた頃は、がらんとしたお庭に葉っぱが青々と茂って、花々が咲いている状態が完成形だと思っていたので、虫に食べられると「せっかく葉っぱがついたのに、これじゃお庭ができないじゃないか」と思うことがありました。

しかしながら、過去の写真を眺めてみると、未完成のように見えたお庭は、とても広々として、いまは元気なハイビスカスや菊芋の花たちや葉っぱが茂ったことで見えなくなった、遠くに広がる青い海の景色が見えました。

そのとき、実がなること（自分が完成だと思っていること）がすべてではなく、それまでの過程の一つひとつが、そのときにしかない、かけがえない時間と豊かさをもたらしていたのだと気づきました。

それからは、自分自身やまわりの大切な誰かが立ちどまっているように見えても、焦るどころか、「ちゃんと進んでいる」「万事うまくいっているということだ」と少しずつ感じられるようになりました。

いつも幸せであることに越したことはないけれど、気をつけていても、滞ったり、迷ったりすることが必ずあります。特に、私の場合は、家族のようなまわりの大切な人たちがそのような状態になっているとき、どうしても幸せであってほしくて必要以上に手を差し出していたり、エネルギーを使っていたりすることがよくありました。

滞ることはよくないと思って、それを避けようとしたり、その対策を一生懸命やっていたこともありました。そうすると、いったんは滞ることは避けられますが、滞ることで調整されるべきことがある場合、調整できない状態になっていきます。何より、自然に反することをすると、物事が起こっていくスピードが速くなっていくこともありますが、ものすごくエネルギーを使って互いに無理をしてしまうことで、目的は達成したけど、体調を崩してしまったというようなことがあります。

滞っているように感じるときや、望んでいることと現実がうまく調和していないときも「いまは常にプロセスの途中なのだ」と思うことで、焦ることなく、正そうと躍起になる自分自身を落ち着かせることができます。

そして、「これからどんどん良くなっていって、そこに関わる存在が幸せになる過程にいるのだ」という信頼を寄せていきます。

すると、どんなに大変だと感じることも、起きている事実の見方と捉え方が変わって、張り詰めていた空気や心の芯が和らいでいきます。

余計な力や重さが抜けることで、もともとあった物事や自分自身、相手が持つ「flow（自然の揺るぎない流れと循環）」が動き出し、必要な助けや出来事がベストなタイミングで現れ、ちゃんと進んでいくのです。

このように自分やまわりに対する「信じる力」を養いながら、互いの本来持っている力を引き出し合い、自然と起こってくる、予想以上の面白い流れを楽しめる自分でありたいと、いつも思います。

## 意識的に意図する「Gentle intention」

未来の、いまよりも少しだけ（1ミリでも）進化した自分の無限を信じること。

そして、自分にとって予想以上の最善の出来事がもたらされるための時間と心の「余白」を最初に持っておくことが、自己信頼を強め、「信じる力」を発動するスイッチを押すことにつながります。

さらに、大切なアクションがあります。それは、こうなったらいいなということを自分で意識的に「意図すること」です。

ここでのポイントとしては、「こうなる！」「こうしなきゃ」という強い意志を持って情熱的に向かっていくことも素敵ですが、たくさんの願いを叶える人生実験を通じてわかったことは、「こうなったら嬉しいな、ありがたいな」という「Gentle intention」をしていくとうまくいきやすいということです。

「Gentle intention」はどういうものかというと、「こうなったら嬉しいけど、ならなくてもきっとそれが自分にとって最善の体験になるから、どっちでもいい」というニュートラルで、信頼する感覚です。

そのためには、落ち着いた柔らかな心持ちが必要になります。

願うとは、現在あるものというよりも、どちらかというと、ないものに対して抱くことが多いですね。

けれど、今あるもの、ここにこうしていること、「こうしたい、こうありたい」と望むことができる環境や、そう願うことができる自分の健やかさに感謝を寄せることで、Gentleな状態になりやすいです。

私自身も、自分からどんどん行動していかないと事は起きないと、自ら何かを起こしていくことに躍起になっていた時期もありましたが、起こされていくことをもっと信頼して行動することで、奇跡のような必然が自然に起こるようになりました。

未来に余白をつくることは、自分を信頼すること。

常に、自分の背後には、人生にとって最善のストーリーが起こるようになっている、大きな流れが存在しています。

事が起こるタイミングを信頼すること。

私はこれを「ユニバーサルアポイントメント」と呼んでいます。

「ユニバーサルアポイントメント」とは、「すでに宇宙と約束している最善の予定が存在している」という生き方を体現していたら、降りてきた言葉です。

ユニバーサルアポイントメントができると、いまやるべきことを味わい、すべてをコントロールせず、焦らないことを心の片隅に置いておくことで平穏な状態を保つことができやすくなるのです。

第5章

# 体験して学ぶ

## 信じる力を引き出す思いの持ち方と在り方

## 誰かを喜ばせようとして体験した孤独

保育園の頃、歌うことが大好きだった私は、あるアイドルグループの歌とダンスを友達数人と一生懸命に覚えて、練習しながら楽しんでいました。

その中の一人の子がみんなの前で披露しようと言いました。それならばと、アイドルたちのようにカッコよく踊れるように、毎日お家や保育園で何度も繰り返し練習しました。

本番の日、入念に練習をしてみんなで動きをそろえて、教室の端っこに小さなステージをつくると、保育園の仲間たちがどんどん集まってきました。

音楽が鳴ってスタートすると、なんと途中でリーダー的な存在の子が練習とは違った動きをし始めたのです。まわりの子たちは何とか適当に合わせていきますが、ずっと完璧に踊れるようになるまで練習していた私は、すっかりどうしていいかわからず、立ちすくんでしまいました。

「あんなに練習したのに、いきなりどうして変えちゃうんだろう……」

「本番前も、これでいくって言ったのに、どうして……」

そんな違和感と納得いかない気持ちがあふれ出して、私はみんなが見ているにもかかわらず、踊っているみんなにストップをかけてしまったのです。

「ねぇ、あんなに上手にみんなで踊れていたのに、なぜ変えるの？　もう一度ちゃんと踊り直そうよ！」

と言うと、当たり前ですが、

「楽しく踊っていたのに、なぜ止めるのよ！」

とリーダーは怒って教室から出ていってしまい、他の子たちも、リーダーを追って出ていきました。

観客になってくれていたみんなは戸惑い、男の子たちは「ぜんぜん踊れてないじゃないか！　下手くそ！」と言いながら、何人もの冷たい視線や言葉を一人で浴びて、とても悲しい気持ちになりました。

仲良くしていたグループの子たちは、すっかり気分を害してしまったのでしょう。せっかくのみんなが活躍する場を台無しにしてしまった私は、仲間に入れてもらえなくなり、数日は一人きりでした。

リーダーたちは、ただみんなに観てもらえたのが嬉しくて、好きなように踊り出しただけだったのかもしれません。

みんなに観てもらうことを楽しもうとした他のメンバーと、上手に踊ってみんなに喜んでほしかった私……。

どちらもいい悪いはなく、ただ思いが違っただけなのですが、私のどこからかくる頑固とも言える思いが私を孤立させ、みんなを喜ばせるどころか、気まずい思いをさせてガッカリさせてしまった、ということが傷となりました。

そんなとき、いままであまり仲良くしたことのなかった女の子が寄って来てくれて、「わかなちゃんの踊り、とても上手だったし、カッコよかったよ。また見たいな！」とこっそり伝えてくれたのでした。

その子のおかげで元気を取り戻したのですが、それ以来、言いたいことを言ったり、まわりに合わせなかったりしたら、まわりの人から嫌われる、誰かを傷つけてしまうかもしれないという恐れが、私の中の声を押し殺すようになりました。

この思い出を振り返るとき、最初は正直、「リーダーは本当に自分勝手だなぁ」と思っていました。

けれど、この出来事をよく見つめてみると、みんなに観てもらい、嬉しくなって自由気ままに踊ったリーダーは、「自分の喜びとなることを正直に楽しむ」ということをしていただけなのだと思いました。

だから、私が止めずに、あのままアイドルの踊りとは違ったダンスを踊ったとしても、観客のみんなは喜んでいたと思うのです。

## 「誰かを喜ばせたい」という気持ちの正体

誰かを喜ばせようとして失敗してしまった私でしたが、その後の体験が、「誰かを喜ばせるとはどういうことか」ということに、新たな視点を与えてくれることになります。

堅実で働き者の真面目な両親の仕事の関係で、いつも保育園では居残り組として、みんなが帰った後、職員室にいる先生と夜まで一緒に過ごしました。

年少の頃は、誰かの親が迎えに来るたびに玄関まで出ていって、「あぁ、今回もまた違った……」と肩を落として、結局いつもいちばん最後までいる居残りさんでした。

先生が小さなおにぎりを握ってくれて元気づけてくれるので、そんな時間も少しだけ楽しみに感じられるようになったのを覚えています。

年中さん以降になると、自分よりも小さな仲間が増えました。結局卒園までいちばん最後の居残りさんだったのですが、小さな仲間たちの寂しそうな顔を見ると、自分の寂しさも重なって、元気をつけてあげたい気持ちが起こりました。

それからは、その子たちのお迎えが来るまで、私が勝手につくったおとぎ話を聴かせてあげることにしました。想像して遊ぶことが大好きだったので、お話をつくるのもとても楽しかったし、みんなキラキラした目で私の話を聴いてくれて、嬉しい気持ちでした。

お迎えが来てもすぐに帰らない子もいるようになり、私は「お話おねえさん」と呼ばれるようになりました。

最初は、自分と他の子たちの寂しさを紛らわせるようにやっていたことが、純粋な楽しみの時間に変わりました。

誰かに喜んでほしいなという気持ちは、きっと多くの人の心にあるでしょう。けれど、喜んでほしいという気持ちが、時にまわりから孤立させるということもあるのだということを経験しました。その反対に、まわりに本当に喜ばれて、自分も元気になるということも経験しました。その両方の体験を通して気づいたことがあります。

保育園のときのダンスで失敗した私は、完璧な踊りをして、見にきてくれた仲間たちに楽しんでもらいたいという気持ちは確かに強くありました。

けれど、よく感じてみると、「アイドルの踊りを観てときめきを感じた私のように、完璧に踊って、みんなにそのときめきを感じてもらいたい」という思いと、「カッコイイと思ってもらいたい」という思いの二つが存在していました。

誰かを喜ばせたい、癒やしたいという何らかの強い思いを抱くときは、誰よりも自分自身が喜びたくて、癒やされたいと感じているのだと思いました。

自分の喜びのためだけに何かをやることは、罪悪感を持つことが多いかもしれません。自分の喜びを素直に求めることより、他人を喜ばせることで、自分を喜ばせよう、満たそうという動きが本能的に生み出されていくようです。

ここで気をつけたいのは、誰かを喜ばせたいという思いの矛先が、外側だけを向いて、自分を向いていない状態になることです。

自分の本当の思いを受け入れない（見ない）と、やってもやっても、なにか足りないような気持ちになったり、エネルギーが枯渇《こかつ》して、パワーが減ってしまうような感じになります。

まわりは喜んでくれたけど、なんだか疲れてしまったということが起こるのは、このためです。

「お話おねえさん」のときは、自分が楽しい時間を過ごして、寂しい待ち時間も埋めたいし、小さい子たちが私と同じような寂しい気持ちにならないといいなという、自他の二つの思いを自然に受け入れてやることで、互いに疲れることなく、喜びや楽しみが自然と循環していきました。

誰かを喜ばせたいという思いは、純粋に相手のことを大切にしたいという思いやりや、優しさから生まれるものもたくさんあります。

愛し愛されることを強く求め、どこかでずっと信じてきた私は、大好きな人を喜ばせたいという思いが強くて、過去の行動を振り返ると、そのような思考や行動をよくとっていたと思います。

けれど、実際は、喜ばせるどころか傷つけてしまったり、自分が苦しくなったりしたことがたくさんありました。そのたびに、「誰かを喜ばせるとはどういうことなのか」について、何度も見つめ直してきました。

その原点にある出来事が、この保育園での経験です。

こんなにも誰かを喜ばせようとするのは、誰よりも、自分自身が心から喜びを求めているサインだったのだ、と今なら思うことができます。

喜びのことを思うとき、あたたかな灯火の光が浮かびます。

誰かを喜ばせようという思いや、喜びたいという思いに躍起《やっき》になりすぎると、その力みで繊細な火は消えてしまうか、何かに燃え移って、いらないものまで燃やしてしまうことがあります。

ろうそくの灯火が、自分の心から相手の心に分かち合われていくように、穏やかな優しい気持ちで、自分の心の声と相手への思いに素直にありたいと常に思うのです。

## 思いが強すぎる自分に気づいたら

大学生のある昼下がり、広場を通ると、仲のよかった友人の一人がベンチに座って泣いていました。

びっくりして近寄ると、隣に同じ学科の男の子が気まずそうに佇んでいます。

何があったのか聴いてみると、会話の中で彼女の考えを伝えたところ、猛烈にその男の子から批判的な意見を言われ、思いきり否定されてしまったようでした。

その男の子は、成績が優秀で、知識や情報をたくさん持っているような子でした。

その様子を私が見つけたことで、彼はきっとバツが悪かったのだと思います。

彼は、プライドからか自分を肯定するために、また最初からいかに彼女の考えが甘くて間違っているかを話し始めて、友人はまた泣いてしまいました。

自分の大好きな友人や家族がいじめられたりイヤなことをされたりすると、それまでまったくなかった闘争心が、突然ものすごい勢いで現れることがあります。

彼の話の途中で、怒りのあまり私はとても冷たく、こう言い放ちました。

「君って、もっと頭のいい人かと思った」と。

それまで意気込んで、自分は間違っていないんだということを見せようとしていた彼は、急に黙り込んで、下を向きました。

その様子を見て、私は、はっと我に返って少し冷静になりました。

「どっちの意見が正しいかどうかなんて、いまはどうでもいい。いま目の前で君のクラスメイトが泣いていることについてはどう思うの？」

と聞くと、彼も冷静になって、友人に謝ったのでした。

彼は、自分の正義を証明して自分は正しいということを感じたいがために、友人を泣かせるほど言い負かしました。

その場では、友人は泣いてしまったので彼は勝ったと思ったのかもしれませんが、彼の表情を見ても、最後はショボンとして悲しそうでした。

そんな仲裁に入った私ですが、友人が傷つけられたように感じた私は、「友人を傷つけるなんて許せない」という正義感から、私自身が彼を傷つけて黙らせるという、同じようなことをしてしまいました。

それぞれに、自分にとっての正義や思いがあります。だから、ぶつかり合うことも傷つけてしまうこともあるでしょう。

けれど、正義感という感覚はまさに自分の思いですから、自分の思いを生きることが自分らしく生きることであるならば、それが人生の歩みを止めたり、自他のつながりや信頼を滞らせることになるのは、悲しいなと感じます。

「○○しなければいけない」「○○であらなければいけない」「みんなが○○すべき」という思いが強くなりすぎると、保守的にかたよりすぎてなかなか動けなくなったり、自他に対しても、必要以上に厳しく批判的になって、その思いや言葉は、放っている本人である自分がいちばん強く影響を受けることになるので、もっと苦しくなっていくこともあるでしょう。

主に、どんなときにそうなりやすいのかを、私の体験から、いくつかまとめてみました。

□ これが絶対正しいと思っているとき
□ 大事な人（自分）や大事だと思っているものを守ろうとしすぎているとき
□ 新たな環境にきたばかりで、現状を理解しきれていないとき
□ 無理をしすぎて（頑張りすぎて）、エネルギーも心身も疲弊しているとき
□ 情熱を強く傾けていることがあるとき
□ 本当に望んでいることに素直になれないとき
□ 批判されたり、怒られたりしたとき
□ つらい経験が、自分を守ろうとして無意識にトラウマになっているとき
□ 同じ価値観の人たちや、その人たちと暮らす場所に長くいるとき

このような状態のときに、自分の正義感が壁になったり、自他を傷つけてしまうことがあるのだと感じました。

こういうときは、自分に余裕がありませんから向き合うことが難しいかもしれません。

けれど、もし自分の思いが強くなりすぎてうまくいかないことがあるならば、どのようにこの事態を捉えると、少しでも循環させることができるかを試してみる価値はあると思います。

自分の考えや感情を見つめ直すことは、少し怖くて、面倒な気持ちになるかもしれません。

決して自分を批判したり、否定するために向き合うのではなく、今どんな思いでいるのかをただ知るためだけにやっているのだと、自分に言い聞かせるようにします。

これまで大事に手に握りしめていた価値観や思いに気づき、それがどんな思いでも、これまで自分を支えてくれたことに感謝します。その上で、この思いが何かの壁になっているのであれば、「ありがとう」と言いながら、現状に最適な考え方を柔軟に選んでみます。

それを誰のためでもなく、自分のためにやるのです。

エネルギーが空っぽになっているとき、自分を守るためのプロテクト反応として、強い思いや正義感が働くこともあります。

自分が選んで持っている正義感と調和的な関係を保ち、自分を生きていくためのよきパートナーにするために、ときどき、今どんな思いが自分の中にあるのか、それが自他にとって壁になっていないかを見つめてみるといいいかもしれません。

具体的な「こうすべき」の外し方、本当の思いの見つけ方については、第6章でお伝えしていきます。

## 自分自身を信じることが難しいときは……

この本の出版が決まったとき、「私に本当にできるだろうか」と、とても不安になり、焦りました。

いままで時間をかけて何度も書き直してきた文章でさえ、「こんな文章でいいのだろうか」と真っさらにしたい気持ちになったり、「何かを成しているわけではない一般の私の個人的な体験をもとに書いた本が、誰かの役に立つことがあるのだろうか」「この本に導いてくれた大切な方々に少しでも恩返しができるだろうか……」と、どんどん心配でいっぱいになりました。

そんな時間を過ごした後、少し落ち着いてから、いまこそ「信じる力」を思い出し、その思いで自分を満たすときだと思いました。

そして、この本の出版のきっかけとなったご縁に思いを馳《は》せ、そのご縁につながって私から溢れ出てきたインスピレーションと行動を思い出しました。

社会における評価や、誰かにとって少しでも光となる本になるだろうかということに関しては、まったく自信はありません。むしろ、そこは私が関わることではないし、そういうことに自信を持つことなどできなくていいのだと感じました。

けれど、この機会とご縁を与えてくれた天の流れ、大切な人たち、そして、この本につながった私のインスピレーションなどの自分の感覚は、信頼できると思えました。

わからないもの、目に見えないものに対して、自信を持つことが難しいときがあります。

そんな中でも、信頼を寄せることができる大切なご縁や感謝する出来事を見つけ出すこと、そのことに気づこうとすることはできます。

すでにあるそれらの存在に対しては、信頼と感謝と尊びを感じられます。

見えないものやまだわからないことを無理やり信じようとするより、自分が信頼できることをいまここ、すでに過ごしてきた人生の中に何とか見出し、気づいていくということが、「信じる力」となり、大きな光の柱として支えてくれるようになっていきます。

これは後で気づいたことなのですが、私の家族遍歴や過去のご縁をいただいた大切な人たちを辿ると、子どもが欲しくても授からなかった家庭や、娘を早くに亡くしてしまった家族の元にいるということがとても多かったのです。私の育ての両親も子を持つことができなくなった人たちでした。

これまでたくさんの方に育ててもらったり、助けてもらったりしてきたけど、よく思い出してみると、私がいた（来た）ことでどれだけ人生が楽しくなったか、癒やされたかを伝えられる機会をいただくことが何度かありました。

昔は、何者かにならなくては誰かの役に立たないとか、何かを達成しなければ、誰かを助けることはできないのではないかと考えていました。

長いこと、「自分なんて……」という無意識の声が鳴り響いていたけど、振り返ってみると、大切だと思う人が喜んだのは、ただそこに何者でもない素の私が存在したこと、つながり合ったことだったと気づかされたのです。

自分は何気なくしていることでも、もっと深い部分で、その存在に癒やされたり、優しくなれたり、整えられたり、ほっとしたり、力をもらえたり、学びになったりすることが、誰しも必ずあるものです。

意図せずとも、誰かにとってメッセンジャーになっていたり、誰かがよりよく自分を生きるための助けになっていることが、知らないところでたくさん起こっていることもあるのです。

「自分なんて」という思いに気づいて少し苦しくなったときは、「自分なんて、もっと愛していいんだ」「自分なんて、これでも役に立っているんだ」と、いまの自分が自然にできる言いまわしでいいので、自分自身に伝えていきます。

最初はまったくそう思えなくても、繰り返しやっていくと、心のブラインドが少しずつ開いて、自分のまわりに何気なく存在していた誰かの笑顔や喜ぶ姿が窓越しにだんだん見えてくるようになります。

同時に、今あるこの体も心もエネルギーも体験も能力も、自分でゼロから創ったものではなく、いただいたもの、関わり合って育まれてきたもの、お借りしているものということに気づきます。

誰かに対して感じる尊さを自分自身に感じるとき、自分ともまわりともも絆が深まり、より安心して自分の声を聴き、生きていけるのだと実感しています。

そして、心から発せられるあらゆる感情や体の感覚、面倒だと感じていた考え方のクセや行動のすべてさえ、自分を支え、守るためにあったのだという、「相互扶助」が自分の中で常に行われていることにも気づくのです。

「自分なんて」と思ってもいい。けれど、見えないところで、とてもたくさんの手によって自分自身が支えられ、誰かや何かに力を与えていることもあるかもしれない、ということを誰もが心の片隅に持っていたらいいなと思うのです。

## 本当に大切にしたいことを大切にするとは？

いままでとまったく違うことをするときや、新しい大きな変化を伴う環境に身を置くとき、それまでいちばん強く握りしめてきた「大事なもの」をすっかり手放さなければ、本当に行きたいところには行けないと思っていました。そのように、現実が見えたのです。

人生の転換のための転職で、両親のそばを離れる決断をしたときも、いままでは「両親の近くにいることが彼らを大事にすること」という子どもの頃からの信念を手放さなければ、次に進むことはできないと思っていました。

けれど、実際は、「大切な存在を本当に大切にするとはどういうことか」に改めて気づくためのプロセスでした。それは何かを手放すのではなく、いままで大事に頼ったり、支えられたりしてきた自分の軸を、現在の最適な状態にアップデートするという感覚でした。

私は一度離婚をしていますが、そのときも長いあいだ悩んでいました。大事にしたかった元夫や義理の両親への思い、彼らがかけてくれた愛情と裏腹に、私の内側の深い部分で叫ばれている、ある声がどんどん大きくなって、バランスをとるのが難しくなっていました。

その声とは、最初はよくわからないけれど、モヤモヤとした違和感で、いま言葉にしてみると、

「私が本当に話したい言葉は何かな？

いる場所は、どこなのかな？

そろそろ、次のステージに行かなくちゃ。

私の望んでいることをよく見て、受け入れてほしい」

というようなものだったと思います。

離婚するかどうか悩んでいるとき、お世話になっている義理の家族を傷つける自分も許せませんでした。特に、元夫の母親とは、親友のような関係で、この方

に出会えたことは、人生の宝物の一つだと思えるほど感謝していました。

当時、元夫が、あることでそれまで勤めていた大企業をやめなければいけなくなって、その後うつ状態になり、何年も働けなくなりましたが、そのことに不満があったわけではありませんでした。

むしろ、そのことがきっかけで、彼の実家にお世話になることができて、家族と一緒に過ごすことができました。

義理の両親も、彼の妹を17歳で亡くしていたこともあって、私を娘のように思い、そんな関係を楽しんでくれているようでした。

「大好きな人たちと、たとえいろいろあっても、笑顔で暮らせて、こんなにも恵まれているのに、なぜ自分の内側の光は、どんどん小さくなっていくのだろう?」

と、毎日、心と行動がひとつにならない感覚に葛藤していました。

そんな葛藤を繰り返して心が弱っていく中で、17歳のときの日記をたまたま読み返し、自分と交わした約束を思い出しました。

亡き父が子どもの頃よく、

「わかなの心からの笑顔が、お父さんは本当に大好きだ」

と、ちょっと目に涙をにじませて、ニコニコした顔で伝えてくれた情景が浮かびました。

それは、灯台の白いあたたかい光のように私の心に響き、次に足を踏み出すべき道をそっと照らしてくれているようでした。

進路もやりたいこともわからなくなってしまったとき、

「私は、心からの笑顔でいることを大切にした生き方をしよう」

ということだけは、17歳のときに、自分と約束を交わしました。何をしていくかはわからなくても、いつも心からの笑顔でいる生き方を探そう……。そう自分と約束したのです。そのことを思い出したのでした。

大切だと思うことを大切にして生きているつもりだったけど、17歳のときに自分と約束した「心からの笑顔」で自分を生きていないことに気がつきました。

魂や肚からの自分が求め続けている生き方があっても、そのことに対して行動ができていない状態が続いていたのだと思います。

外から見て大変だと思うことがあっても、置かれた場所で幸せを見つけて、目の前の人たちを大事にしていれば、いま本当にしたいことができなくても、そのうち道が見えるはずと思っていました。

けれど、自分の声というのは、時に、いまやっていることとは、まったく違うものを求めてくるときもあるのです。

いま思えば、ずっと目の前のことを大事に、たとえ自分の本当の声とズレていても、まっすぐにやり続けていたから、道が見えたとも言えます。

ただ、その道が、いままで大事にしてきたことを切り離し、そこから旅立つということだったので、大きな困難に感じたのです。

# 人生の軸がアップデートするとき

それからまた、自分との対話が始まります。

最初は、本当の思いを受け入れられないので、対話というより、自分の中での言い合いで、まったく答えが出ませんでした。

そんな時間をかなり長く過ごして、昔、両親のもとを離れる決断をしたときのことを思い出しました。

そして、前の夫や家族を大事にするとはどういうことかについて、改めて見つめ直してみました。

そして、自分に正直でなかったり、本当に望んでいることに背いている状態で誰かを大事にしようとしても、それは相手に対して誠実じゃないな、という考えに至りました。そして、その思いを相手と家族に、正直にすべてを伝えました。

「つき合うときから、翼を広げて飛んでいきたいという思いを知っていたのに、それをさせてあげられなくて、ごめんね」

前の夫は、そう言って、離婚という決断を受け入れてくれました。

こうなったのは、「決して、あなたのせいではない」と強く伝えたと思いますが、彼にとって傷として残ってしまったのではないかとか、どれだけ相手にとってショックだったろうと思うと、その後、何度も胸が張り裂けそうになりました。

そのたびに、きっと彼も、彼の家族も、より最善な体験をして幸せになっていると自分に言い聞かせて、新たな道を行きました。

そして、その後出会った人たちや体験してきたことは、紆余曲折はあれど、あのとき「こうありたい、こうなりたい」と願っていたそのままの現実、いや、それ以上の素晴らしい人生をもたらしてくれたと感じます。

何か新しいことに向かうときや大きく変容するときは、自分にとって大切なことはどんなことなのか、大切にしたいものを大切にするとはどういうことなのかを、鮮明に見出していくプロセスなのだと学びました。

それは、退化でも、失くすことでもなく、人生の軸のアップデートであり、よりシンプルに、本質的に自分だけの真実に近づいていくということです。

変化し、進化し続けている中で、その形や大切にするやり方、そして、ご縁の形もどんどん変化していきます。それは自然なこと。

もし道がわからなくなったり、いまいる場所の景色がぼやけたら、いつでも「本当に大切にしたいことを大切にするとはどういうことだろう」と問いかけてみると、心の矢印が見えてくるかもしれません。

第6章

# 自分を整える

信じる力を発動するために必要なこと

## 今いる場所を整える4つの方法

ライフトラベラー（自分の人生を旅するように生きる）として、実際にご縁ある場所に滞在させていただくという暮らしは、気づくと年間300日以上海外にいるような生活になっていました。

旅といっても、観光が目的ではありません。場所が変わるだけで、仕事や暮らしはどこにいても変わらず、日常をいろんな場所で営むという感じです。

ホテルに滞在することもあれば、お家を借りて滞在することもあるし、1ヶ月のあいだに寝床も暮らしの場もどんどん変わっていきます。

自分の家ならば、いつでも安心できる空間に整えるということが日常的にできていて、自分たちのバイブレーションで溢れているので、帰ったらすぐにほっとできると思います。

けれど、毎回変わる居場所では、それが難しいことがあります。

特に、私は小さな頃からどこでも眠れるタイプではなく、親戚の家に泊まりに行っても眠れないか、お腹が痛くなるタイプでした。

そして、海外では、文化だけでなく、水や生活の仕方、安全面などにおいても違うことがたくさんあるので、日本にいるよりも想定外のことが起こることが多いです。

長い旅路において、よき出会いに恵まれ、たくさんのインスピレーションをいただいて、笑顔で気持ちよく過ごすことができる滞在と、小さなトラブルが発生したり、体調を崩してしまう滞在がありました。

そういった経験を通じて、もっとユニバーサルアポイントメント（121ページ参照）で楽しく元気に過ごすためにはどうすればいいのかをテーマに暮らしてきました。

そして、旅先で何を体験したかよりも、滞在先の部屋（お家）が心地よいときに、毎回豊かな滞在になることがわかりました。自分がいちばん素で過ごす時間が長い場所が安心できるときに、そこからつながる体験や出会いが充実していくのだと改めて体感したのです。

それからは、滞在する場所に着いたときに、「自分の安心した空間に整えるための自分なりの儀式」をするようになりました。

## ① 挨拶をする

不思議かもしれませんが、まず、お部屋に入るときにその場所に挨拶をします。名前を告げて、受け入れていただくことへの感謝と滞在があたたかく、安心して過ごせるようにお守りください、というようなことを必ず手を合わせて心で唱えるのです。

20代のとき、人混みでよく体調を崩してしまう私が、仕事で満員電車に乗らなければいけなかったとき、ある人が「乗る電車や座る椅子に挨拶をすると、誰かの気配がクリアになって安心してそこにいられるよ」と教えてくれたのです。

それからは、おまじないのように、何か落ち着かない場所にいるときや道を歩いているときに、その場所や道に声をかけて（挨拶をして）、守ってもらうようにお願いするということをやるようになって、本当に楽になりました。

それから滞在する部屋だけでなく、移動手段である乗り物に対しても行います。年間数えきれないほど飛行機に乗っていますが、必ず飛行機に乗る前に機体にさりげなく手を触れて挨拶と感謝を告げるようにしています。

相当な数の飛行機に乗っていますが、海外でよくある荷物がなくなるということもこの10年間一度もありませんでした。

これは余談ですが、たくさんの飛行機やお家やホテルに挨拶をしていくと、それぞれの乗り物や場所にもキャラクターのような、存在というものを感じるようになりました。

八百万神といいますが、すべてのものに命のような何か尊い存在や人格ならぬ物格のようなものを感じるようになって、よりその対象に感謝の気持ちや愛しい気持ちで挨拶するようになっていきました。

すると、どんどん滞在先でいいことが起こります。

最初その街に訪れたときは、一人の友人しかいなかったのに、数日後借りていた部屋で食事会をすることになり、なんと30人くらいのご縁が集まってたくさんのお友達ができて、一気にその街がホームのように感じられたりしました。

また、一緒に滞在した恋愛にまったく興味のない仲間が、ある滞在先で過ごしているあいだにネットで運命の人に出会い、いまでは素晴らしいパートナーシップで家族をつくったり、また別の滞在先では、そのとき肌の調子が悪かった夫が「こんな街で？」という場所である施術に出会って、何ヶ月も炎症が治らなかったのが一日で治ったりしました。

偶然かもしれないけれど、挨拶をしてその場に敬意を払うことで、その場所のもっともいい面や潜在的な力につながる感覚があります。

もちろん、帰るときも、感謝をこめてできる限り掃除して、部屋の前で頭を下げて挨拶して出ます。

後半の数年は、たくさんの仲間たちと滞在することが多かったのですが、みんな自然に挨拶してくれていて、嬉しかったです。心なしか、お部屋も空間が柔らかく、丸く広がったようになっていきます。

## ② 音や香りで整える

**挨拶だけでもとてもいいと思うのですが、滞在先に限らず、自分たちで開催するイベントやリトリートなどでは、最初に、私なりの場づくり（場と調和すること）をするようにしています。**

まず、気持ちのいい音楽を少し音量を高くして鳴らします。携帯などに、空間を整えるための音楽リストをたくさん入れています。どれだけ殺風景な空間でも、音のリズムに空間も少しずつ波動を合わせてくるので、だんだん変化していきます。

そして、窓を開けて、香りをたけるところではたき、アメリカの友人がハンドメイドでつくってくれた木製の美しい音叉の音を部屋中に鳴らしたりすることもあります。

たまに、夫が柏手を打つことがあります。

それから、あまりにもシーンとして空間が動いていない感じがする場合や冷たい感じがするときは、「お世話になります！」と声を出して、部屋中をまわることもあります。

そこまでしなくても、楽しくわいわい過ごすことで、その会話の音に乗って響いていく幸せな波動だけで充分に気持ちのいい場になっていきますから、要は、楽しく、いい時間を過ごそうとすればいいのです。

ただ、そうやって自分たちなりの音を出したりして、空間に意識を向けていくことで、別の方向を向いていた部屋がこちらを向いてくれたり、なんでもなかった場がパワースポットとなっていくので、自宅などでもやるようにしています。

## ③ 豊かな体験をするための掃除

爽やかな風が通る感覚が大好きで、実際に風を感じること以外にも、感覚的に気持ちのいい風が通るような空間、人間関係、自分関係を大切にしたいと常々感じています。ですから、身を置く場所や空間において、気持ち的にも視覚的にも風が通るように、お部屋のインテリアで違和感があるものは、できる範囲で目につかないところに置いたりすることで、部屋の気の流れが自然に気持ちよく流れるようにします。風水などの知識があれば、それを活用するのも素敵ですが、そういったことがわからなくても、「自分の感覚で気持ちがいいことをする」が大切な気がしています。

すでにお掃除された場所でも、もう一度自分でお掃除をしたりすることもあります。

改めて自分の手で掃除をしながら、その場に直接触れてケアすることで、「大切にしていますよ」という思いを伝える感じです。

ニューヨークで友人夫婦と部屋を借りたときのことです。その地区のことがよくわからずに、住んでみてから、あまり落ち着いた場所でないことがわかりました。

アパートメントの中はリノベーションされて、一見きれいにはなっていましたが、入った瞬間、ほこりっぽく、空気が滞っていると感じました。

そこからは、友人と「本気の家づくり」開始です。

窓を開け放って、音楽をかけながら、手拭き用に買ってきたアルコールシートをほとんど使い、気になるところのすべてを掃除しました。

部屋中にキャンドルを置き、そのすべてに火をつけて、常に持ち歩いているたくさんのアロマから香りを選んでポータブルのディフューザーでたき、家中をグルグル歩きまわって、自分たちの気を置いていきました。

それからは、見違えるように空気も気の流れも整い、結婚式を挙げていなかった友人夫婦が大好きな場所で式を挙げることがその家でのお茶タイムに決まったりして、とてもおめでたい豊かな滞在になりました。

ちょっとやりすぎに感じることもあるかもしれませんが、いまの瞬間の自分たちの在り様や感覚が次の未来をつくるので、滞りを感じた自分たちの感覚やエネルギーをそのままに放置せず、丸ごときれいに、クリアにしようという感覚で掃除をします。

自分だけでなく、パートナーや家族がバランスを崩しているときも、それらをクリアにするように掃除をするのです。子どもの頃、まったく家事を手伝うことをしなかった私が、唯一自分から実家が重く感じると、夜中でも掃除を始めるくらい、ずっと大事にしていることです。

たとえば、パートナーの体調がよくないとき、何となくお風呂の排水溝が気になって掃除をすると、知らないあいだに汚れが溜まっていたりします。「私たちも同じ状態だったんだ」と感じながら掃除をすると、体に意識を向けた行動ができるようになったり、体調がよくなったりするのです。

また、大事な場所に出向いたり、新しいことをするときには、どんなに忙しくても、床を水拭きしたくなるということが何度もあって、個人的には、「困ったなぁ。いまは、そんな余裕なんて全然ないのに……」と思うこともありました。

そんなときでも、できる範囲でやるようにすると、なぜ床を磨かされているかがわかるような気がするのです。

たとえば、新しいことを展開していくときは、これから体験するための人生の場を磨いておくことで、そこに見合った体験が起きてくるためなのだ、と感じることができて、現実的にも素晴らしいことが起きてくるから、面白いのです。

実際に、身のまわりを整えたり掃除することよりも、仕事や準備をしたりするほうが大事なんじゃないかと感じることがあるかもしれません。

けれど、「すべてはつながっている」。

そう思って生きていると、いまここの状態の滞りや違和感と、現実の仕事や人間関係のそれらは、本当につながっていると感じます。

目の前の状態や場を整えることは、人生を磨いているのだと思うと、私にとってはとても大切なことに感じてならないのです。

目に見える滞りは、たとえ自分の家でなくても、目の前に現れた時点で、自分事としてきれいにしていく。これを無理なく続けていくことで、人生がどんどん整って、豊かさが深まっていきます。

## ④ 自分だけの「Altar オルター（祭壇）」をつくる

あることで少しストレスを抱え込んでいたとき、そのとき滞在していたオーストラリアの友人が「Altar をつくると安心した自分のスペースになりやすくなるわよ！」と教えてくれました。

「Altar（オルター）」というのは祭壇と訳されますが、自分の大切なものや大好きなものを飾ってつくるスペースです。いつでも自分の部屋にいるような、安心できるマイスペースということになります。

子どもの頃、何かと不安になることが多かったので、よく小さな袋に、おまじないの言葉を書いた紙切れや、きれいな石などを入れて持ち歩いていたのですが、それが私にとっての可動式「Altar（祭壇）」だったのだと思いました。

自分の部屋はもちろんですが、どの家に誰と住んでも、神棚のような、自分が清浄な気持ちになれるものや大好きなお香やお札のようなもの、旅先で出会った美しいものを飾って、よくそこでお願いごとをしたり、気持ちを落ち着けたりしていたことを彼女のおかげで思い出すことができました。

どんなに小さなスペースでも、自分にとってお守り的な小さな祭壇（マイスペース）をつくるようになって、随分と心身が安定して不眠が改善したり、いい状態の自分でいられることが多くなりました。

マイスペースとして、そのとき大切にしているものや読むと落ち着く本、写真、いい香りのもの、大好きなものを飾るスペースをベッドサイドにつくるようにしました。

# どんな場所もパワースポットになる

これまで、お家を借りた世界中のオーナーさんたちから、
「あなたたちが滞在すると、お家のバイブレーションが上がるから大好き！」などと言われるようになって、嬉しくて改めて意識するようになったことがあります。

それは、訪れる先々で、なるべくいい気（気持ちのいい気、楽しい気）を置いていくようにしようということでした。

すると、偶然かもしれませんが、ずっと滞在していた、いくつかのホテルや滞在先がその後どんどん人気になって予約がとれなくなったり、雑誌に載り出したり、がらんとしていたお店やレストランも、なぜかすぐに満席になるということが毎回起こるようになりました。

私たちが沖縄の家に帰るとすぐに必ず行く、大好きなパン屋さんがあります。そこは、住宅街の奥のほうに静かにあるお店なのですが、国内だけでなく、海外からもお客様が絶えることなく訪れる大人気のお店です。そこに行くと不思議なのが、行くだけで心身が整って、どんなにバタバタしていても落ち着くのです。

それだけではありません、毎回いろんな人に出会います。約束していなくても友人たちがどんどん集まってきます。たまたま沖縄を訪れていたという知り合いにもよく会いますし、ふだんはあまり会うことのない、面白いクリエイティブな方々とも出会うことがたくさんあります。

まさに、私たちにとってのパワースポットのような場所です。

パンがおいしく、そこで働く職人さんやスタッフの方々の魅力や素晴らしさはもちろんあるのですが、この場所での出会いやそこで生まれる時間は、かけがえのない、豊かな体験をいつももたらしてくれるのです。

沖縄は、戦時中、激しい戦いの場所となったことで、街の至る所にその傷跡が目に見えなくても残っています。

パン屋さんがあった地域は、かなり激しい戦いが行われた場だったそうです。

そのパン屋さんは、その土地の波動を調整してもらって、ちゃんと浄化してもらっただけでなく、みんなでその場の土を掘って炭を入れたり、クリスタルを埋めて、場を清めたと聴きました。

この場をより素敵なところにしたいという皆さんの思いと行動、いっぱいの愛情とエネルギーがこめられたパンに、訪れたお客様の心が反応し、愛の循環が繰り返されてどんどんパワースポットになっていったのだと思います。

そのパン屋さんのおかげで、私たちも同じ地域に住まわせてもらうことができました。そして、私たちの家の土地も同じように、ある先生にお願いして浄化をしていただきました。

そのときに先生に、

「この場所がこれからより一層癒やされて、素晴らしい場になるために、私たちが大切にするといいことはありますか？」

と聴いてみると、

「ただ、あなた方が楽しく過ごせば、それでいいのです」

と答えてくださいました。

気のいい場をつくるために何よりもいちばん大切なのは、シンプルに、そこにいる人間が、いい気持ちで楽しく過ごす（生きている）ことなのだと思います。

そうすることで、場に埋め込まれていた記憶が悲しいものでも、その後にそこで過ごす存在の在り方によって癒やされ、気持ちのいい気が流れていくのだと思います。

気持ちよく、楽しく過ごすことが、どれだけその場のハッピーな状態を引き出したり、豊かな体験を引き寄せていくのかを、わかりやすい形で目の当たりにしました。

# いま自分ができることに集中する

場を整えるということは、よい体験をもたらしてくれることですが、何よりも大事なのは、自分を整えることだと旅の経験から学びました。

これだけ飛行機に乗っていると、幾度か飛行機を間違えたり、乗れなくなったりすることがあります。

振り返ってみると、自分たちが忙しくて、バタバタしたままのエネルギーで予約したりするときに、決まってそういうことが起こることがわかりました。

あるとき、ポルトガルの空港に向かうタクシーの中で、少し悶々とした気持ちでいました。長旅の疲れもあったり、朝も自分のノートタイムをとることなく、バタバタとホテルを出発したので、気持ちを切り替える間もなく、空港に着きました。

空港は、私たちが乗る飛行機のカウンターだけ、なぜかものすごい人がいて、混沌とした雰囲気でした。

すでに悶々としていた私は、その混沌とした雰囲気に自分を預けてしまい、具合が悪くなってしまいました。いまから日本までロングフライトなのに、大丈夫だろうかと思うと、ますます不安でいっぱいです。

私たちの番がやっときてカウンターにスーツケースを預けると、なんと大きなサイレンがなり、全員外に出ろというアナウンスが流れました。警察も出てきてただならぬ雰囲気です。テロが起きた可能性があったようで、安全のために全員寒い外に追い出されました。

外部からの、自分ではコントロールできない出来事が起こることはどうしようもないけれど、朝から自分を整えずに来てしまった自分を猛烈に反省しました。

乗ろうとしている飛行機はあと数十分で飛び立ってしまいます。予定があるのにどうしよう……とよぎりますが、いま自分ができることに集中しようと思い直して、次のことをやりました。

まずは、いまからでも自分の気持ちを整えようと、イヤホンをつけて落ち着く音楽を流し、深呼吸しました。

常に持ち歩いている自分を整えるグッズが入ったポーチから、アロマオイルを取り出し、手のひらにぬって、目を閉じて、また深呼吸。

自分の呼吸が聴こえてきて落ち着いてくると、今日一日を過ごすのに、何の意図もしていない自分に気がつきました。

「いまから起こることはすべて最善のことで、私たちは安心して、安全に気持ちよく帰国することができますように」

意図と祈りが混ざったような思いを心で何度か唱えていると、具合が悪かったのが楽になってきて、心のざわめきが静まり、思考がクリアになりました。

すると、アナウンスが入り、危険性はなくなったとのことですぐに空港内に入ることができました。

カウンターを見ると、さっきまであんなに人がいっぱいで、騒がしくて大変だったのに、誰もいません。

「不思議だね」と言いながら、スムーズにチェックインを済ませて中に入りました。ランチを食べる時間がないと思っていたら、すぐに入れるお店でランチもいただけて、飛行機も夫婦でバラバラだった席も「一緒に座っていいですよ」と言っていただけて、安心して、安全に無事帰国したのでした。

自分自身が穏やかでクリアな状態であれば、おそらく現実も、そうなっていきます。

それでも、緊急のどうしようもない事態が起こることがあるでしょう。

すべての社会の状況をコントロールすることはできませんが、いまここにいる自分の状態を変えることはできます。

## 自分を整えるのが大事な理由

整った自分でいることで、同じ状況の中に、違った世界が生まれ、別の体験を生きることができるのだと、パラレルワールドの中にいるような気持ちでした。

自分を整えていても、予定していた飛行機が飛ばないということもあります。

それは、むしろその飛行機に乗らないほうがうまくいくか、より最適な体験をするタイミングに合わせるための調整として、あえて予定通りにいかないことがあるということも覚えておきたいことです。

これは飛行機の例ではありませんが、ある場所に行く計画を立てていたのに、なかなか旅の行程が決まらないことがありました。もう来月なのに、日程も飛行機もホテルもいつものようにすんなり決まらないのです。

結局、別の場所に行くことにしたのですが、なんとその時期にその街で大事件が起きました。「行かなくてよかった……」と思うと同時に、スケジュールがすんなり決まらなかったのはそういうことだったのかと思ったのです。

自分が整っている状態とはどんなものかというと、

□ 心身ともに滞りがなく、穏やかで清らかな川のように流れている状態

□ 意図がクリアであること（いま大切にしたいことがわかっている状態）

これらが、私にとって、「整っている」という状態です。

きっと、それぞれにとっての「整っている状態」は違うでしょう。

自分にとってのそれはどんな状態なのかを知っておくことで、行動しやすくなるし、立ち返りやすくなります。

そして、その方法をいくつかストックして、人生のハンドルをこまめに調整して生きることは、常にまわりの環境と共に動き続け、変化し続けていく私たちにとって大事なことなのだと感じます。

とはいっても、いつも自分を整えることに注力しているのは難しいこともあります。ずっと自分を整えることに意識を向けるというよりは、自転車を漕ぐタイミングのような感覚でするといいかもしれません。

自転車を漕ぐとき、ずっとペダルを漕ぎ続けなくても、車輪はまわっていきます。けれど、漕ぐことをやめてしまうと、いつか動きは止まってしまいます。

私たちはときどき車輪を自ら漕ぐということをやるわけですが、そんな感覚で、ときどき自分自身の動きやスピード、状態を確認して、整えることに意識を向ける時間をとるようにするといいのではないでしょうか。

## 「こうすべき」を手放して、自分の声をはっきり聴く

本当に大切にしたいこととは、「こうすべき」と感じていることの、別のところにあるのかもしれません。

「こうしたい」が「こうしたほうがいい」になって、「こうすべき」になって、本当に望んでいることが見えにくくなるのだなと感じます。「こうしたい」と「こうすべき」は、つながってはいるけれど、世界が違うのです。

そうは言っても、いままでの選択基準や考えの軸としてきた強い価値観は、頭でわかってもなかなか取り去るのは容易ではありません。

どうすれば、頭の声でもなく、感情に流されたものでもなく、素直に感じていることや大切にしたいことを自分の中から見出せるか。このことをずっと考えてきたときに、そこにはいくつかのプロセスがあることがわかりました。

そのプロセスを辿って、一つひとつやっていけば、自分が自然体で生きることができる世界をつくるための「声」を聴くことがしやすくなります。

過去の人生を振り返ると、「本当の私の声を聴く」ということをしていたつもりで、「こうすべき」にどこか縛られて、聴きとりきれていなかったなと思うことがいくつもあります。

だから、いつも胸のどこかで悶々としたものを抱えていたような気がします。

そのときの私をイメージすると、181ページのイラストのように、まるで自分のまわりがモヤのような、おばけみたいな白いベールで覆われている感じでした。

その白い大きなおばけのようなものには、自分とそっくりな顔がついていて、『千と千尋の神隠し』に出てくる「カオナシ」に似ています。

まるでそのおばけが、自分そのものなのではないかと錯覚するほどに、自分にぴったりくっついているので、自分がおばけの白いベールをかぶっていることさえ、気がつかないのです。

そのおばけの下には、本当の自分の存在があります。

本当の自分の存在とは、どんなことが本当の喜びなのか知っている魂の自分と一体化した、パワフルで平和で、キラキラ生き生きした自分です。

実は、その本来の自分という存在と、覆うように被さっている白いおばけとのあいだには、たくさんのガラス玉が連なって、びっしりくっついています。

そのガラス玉には何が入っているかというと、それまで自分自身が大切だと思ってきたこと、守ろうとしていること、傷ついてきたこと、悲しんできたこと、嬉しかったこと、悩んでいること、罪悪感、自分や誰かを否定する気持ち、モノや環境、情報、人の存在などです。

そして、それらが一つひとつガラス玉に入って、本来の自分のまわりにくっついているのです。


悩みが多いほど、心身が重くなるのは、自分についているガラス玉が多くなり

## ガラス玉がみっちりついた自分

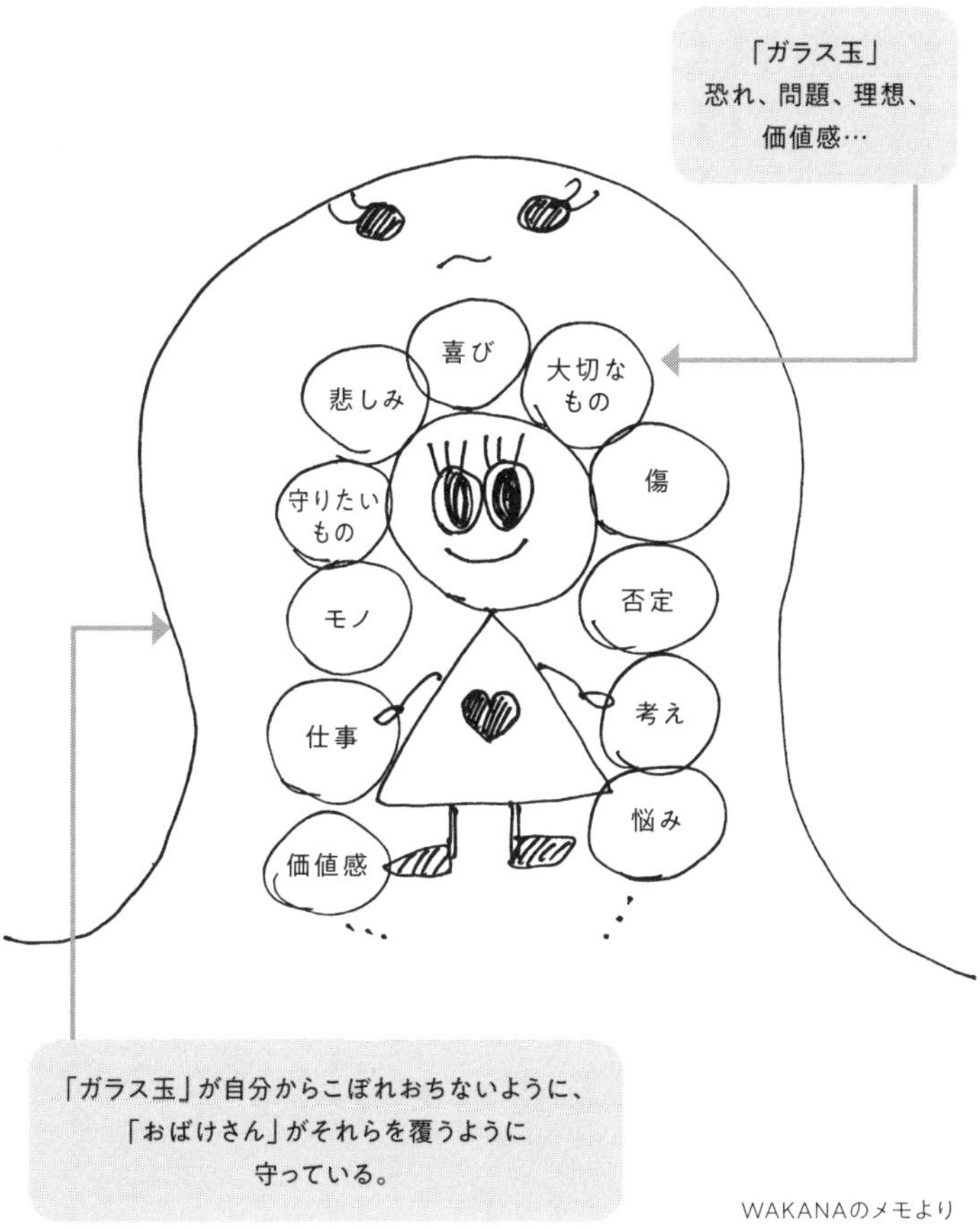


WAKANAのメモより

すぎているからなのだと思いました。

もう今の自分には必要のない過去の価値観や思い、「こうしなきゃ」という自分の気持ちを抑え込むような声、恐れや空虚さを埋めるためのモノなど、生きていけば自然と溜まっていきます。

それらの価値観や思いというガラス玉は、無意識に、自分が生きていくために必要だと思ってくっつけているので、ついているものが多くなるほどに、自分では持ちきれなくなります。

ガラス玉は、自ら落ちて割れてなくなるということはなく、自分の意思でしか、自分から離すことができません。

すると、それらのガラス玉が自分から離れ落ちないように、おばけのようなベールが発生して自分のまわりを囲い、すべてを持ったまま生きようとします。

その状態では、本来の自分のハートから、常にメッセージやサインが送り続けられたとしても、たくさんのガラス玉で遮断されて、その上におばけもいるので、日常生活を送っている顕在的な自分まで、なかなか届かなくなってしまいます。

たとえ現実でチャンスやヒントに出会っても、おばけの存在が邪魔をして、それらに気づくことができない、または、見つけられないということが起きます。なかなか思いが現実にならなかったのは、このおばけというベール、仮面、鎧があったからだったんだと理解しました。

現実は、自分のエネルギーや状態を映し出してくれる大切な映像です。けれど、白いおばけでかすんだ上に、たくさんのガラス玉をつけていては、球体に反射して、本来のメッセージではなく、歪んだ情報として受けとることになります。

だから、どれだけよい言葉や機会、必要なメッセージがすぐ目の前に差し出されても、受けとるまでに時間もかかるし、出来事が起こされている意味を素直に受けとれないので、頑張って生きているのに生きにくい、という状態になるかもしれないと思いました。

# 余裕のない自分に気づいたら「おばけのワーク」で

最近うまくいかないな、スムーズじゃないな、重いな、と思うとき、睡眠やリフレッシュでもなかなか改善しない場合にやるといいワークがあります。

これは実際に私がやってきてうまくいったワークの一つで、それをすると、どんどん思ったことが現実になるスピードが速くなるし、本来はすべて自分の味方で、最善のことが自然と起こされているのだ、という感覚で生きていくことができるようになります。

何となく本来の自分の感覚でないときや、いつもしないことにイライラしてしまうとき、心が尖っているなと感じるときは、そんな自分を責める前に、「私のまわりのおばけさんの仕業だ！」と思うと、少し楽な気持ちになります。

同時に、そろそろ自分の中にいろんな情報や思いやエネルギーが溜まってきたサインだから、整理するときだ、と捉えます。

私たちは、「これをしちゃ危ないよ」「こうしないとうまくいかないよ」というような価値観や過去の出来事からの感情を、自分が安全に生きるために手にします。

けれど、いろんなものを持ちすぎると、たくさんの考えや思いのガラス玉がこぼれ落ちて、自分が大変な目に遭わないように、仮の自分の姿としておばけさんが発生し、自分を守ろうとします。

そもそも、最初は自分のまわりには何もなかったわけですから、その存在にさえ気づけば、自由におばけもガラス玉も外したり、つけたりすることができます。

## □おばけを外してみる

まず、自分の絵を簡単に描いてみます。絵が大変なときは、名前でもいいでしょう。そのまわりに囲うようにあるおばけを紙に書いてみて、それを自分からヘルメットを外すみたいに、パカッと外すイラストを隣に新たに描きます（想像の中でできる人は想像でやってもＯＫです）。すると、自分の存在のまわりに、たくさんのガラス玉がくっついています。

## ガラス玉の中を見てみよう

自分のまわりにくっついている、いくつものガラス玉に、どんなものが入っているかを見ていきます。

**ガラス玉の中身を知るための問い**

・いま考えていることは何ですか？
・いま感じていることは何ですか？
・大切だと思っていたことは何ですか？

・どんなことが怖いですか？
・どんなことがイヤですか？
・守ろうしているものは何ですか？
・現在の状況、状態はどうですか？
・達成しようとしていたことは何ですか？
・カッコイイと思っていたことは何ですか？
・美しいと思っていたことは何ですか？
・正しい、間違いと思っていたことは何ですか？
・幸せとはどんな状態ですか？

……など、出てくるだけ一つひとつ書き出して、見ていきます。

これらを書き出すとき、取り外しができる付箋などを使って書いてみるとよいです。あとで、外したり、戻したりするときにやりやすいです。

何を思っていたのか、どう感じていたのかを知ることで、ガラス玉（感情や悩み、

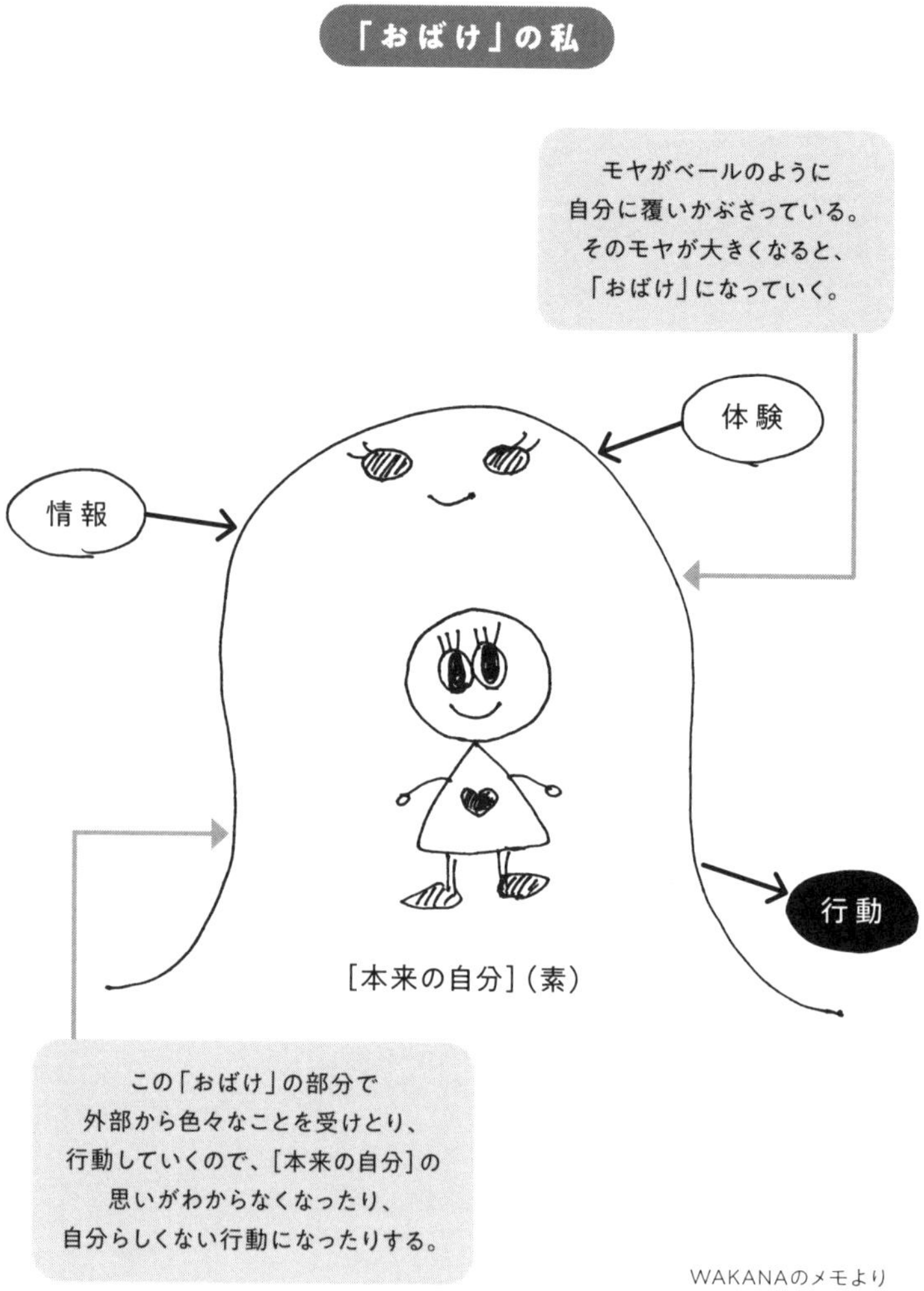

「おばけ」の私
モヤがベールのように
自分に覆いかぶさっている。
そのモヤが大きくなると、
「おばけ」になっていく。
体験
情報
行動
[本来の自分](素)
この「おばけ」の部分で
外部から色々なことを受けとり、
行動していくので、[本来の自分]の
思いがわからなくなったり、
自分らしくない行動になったりする。

WAKANAのメモより

現状）を、自分からいったん切り離すことができます。

このプロセスでは、ガラス玉を自分からいったん離して、おばけもガラス玉もまとっていない本来の自分に戻してあげるというのが目的です。

ですから、持っていたのを全部捨てなくてはいけないわけでもないし、自分を責めたり、ジャッジしたりする必要はまったくありません。

絵にすると、本来の自分という存在とたくさんのガラス玉、そして、自分の顔をしたおばけさんの三つの存在がバラバラになりました。

本来の望みと恐れと現実が一体化しすぎると、身動きがとりにくくなりますが、こうして一つひとつバラバラにしていくだけで、思考も心も自然と整理されて、どんな思いがここにあるのか、何が起きているのかがわかるようになります。

## □自分のいちばん素直でパワフルな声を聴こう

何もまとっていない自分の存在を、真っさらな紙の真ん中に自分の顔のイラストでも、名前だけでも何でもいいので、描いていきます。
そして、次のように問いかけて、答えていきます。

・何でも叶うとしたら、どうなりたいですか？
・誰も何もジャッジしないし、傷つかないとしたら、何をしたいですか？
・本当の本当に、どんな状態になったらお腹のあたりがあったかくなって、ワクワクしますか？
・昔からやりたかったことが何でもできるとしたら、何をしますか？

これまで、いろんな問いかけを自分に投げかけて答えを探してきましたが、このような問いかけをしたときに、素直な腑に落ちる言葉や答えを自分から聴くことができました。

そして、その答えが、「そっか。私はこうしたかったんだ！」となったときに、本当の自分の意志となって、頭から心に、心から肚に届いていきます。

すると、イメージ的には、何もなかった空間に、黄金色のシルクのカーペットがするっと敷かれて、いままでなかなか動けなかったことも自然と行動することができたり、自分にとっての最善の体験やご縁が、自然ともたらされる道ができるのです。

## □ガラス玉の選別をして、再出発！

さっきいったん外したガラス玉（書き出した付箋）をもう一度見てみます。

そして、190ページで出てきた「いま本当に大切にしたいこと」をもとに、いま持っていたいものを選んで、また自分のイラスト（名前）のまわりに貼りつけていきます。

いま必要な考えや思いなどの付箋は、捨てたい場合は外して手放し、まだ持っていたい場合は、捨てる必要はありません。

たとえ、いまの自分にはもう必要のない価値観や考え、生き方だと思っても、いままでの自分を支えてきた考えを手放すことは、それまでの自分の人生を否定するような気持ちになることでもあるでしょう。それは、誰にとっても苦しいことです。

「こうすべき」などの、いま本当に大切にしたいこと、やりたいことを覆っている思いは、その思い自体が、プライドを持っているように感じます。

だから、「手放さなきゃうまくいかない！」と悪者にすると、ちょっとひねくれてしまうのか、もっと居座ろうとして影響を与えようとします。

手放さなくてもいいし、否定しなくてもいい。

ただ、それらが存在することに気づき、感謝しながら、柔らかい心で自分のいろんな闇や光に向き合っていくことで、いま手にしたいメッセージや答えのヒントが見えてきます。

第7章

# 気持ちのよいほうへ

自分にとっての大切なもの

# 自分を癒やす魔法の言葉

あることで長いあいだ、悩んでいたことがあります。そんなとき、オーストラリア人の友人が、こんな言葉をプレゼントしてくれました。

それは、「I'm enough」という言葉です。

「私はもう充分よくやった」

「私は充分傷ついたし、受け入れたし、考えた」

「それ以上自分を傷つけないで」

というような意味で、そんなに自分に厳しくならないで、自分に対してハグをするような気持ちで唱えれば、「すべてうまくいくわよ」と言ってくれました。

それから毎日何度も、「I'm enough」を唱えました。

すると、より自然に、自分の気持ちや感じたこと、これまでの行いをジャッジすることなく受け入れることができるようになって、心がどんどん楽になりました。

それだけでなく、自分の思いや考え、過去の出来事などを受け入れるほどに、関わる人たちのことも、前よりもよく感じられるようになりました。

自分の過去を振り返り、受け入れ、抱きしめることで、人がある物事を成すまでに、どれほど頑張っているか、自分を責めたり、葛藤したりして今ここに立っているのかを、より感じられるようになりました。

すると、出会った人に対しても、心から溢れてくる愛しい気持ちや感謝の気持ち、優しい気持ちを感じました。

それからは、必要な方に、「I'm enough」の言葉をお伝えすると、みんな驚くほど、どんどん元気になっていきました。

自分を責めるたびに、何度も「I'm enough」を唱えて、今ここに立ち戻るということを淡々と積み重ねていくと、何年も悶々と悩み続けたことに対しても、真から癒やされた感覚を覚えました。

「本当はもっとこう捉えたほうがいい」「こう考えたほうがいい」とわかっていても、心も体もついていかないときがあります。

けれど、この「I'm enough」を何度も唱え、いまのどんな自分も抱きしめることをして、ようやく生身の自分ごと追いついて、素直に心からそう思えている自分に気づくことができました。

バラバラだった自分の思いが、やっと一つになることができたのです。

## 挫折は、あなたを最善の道に導いてくれる

大学受験のとき、親元を離れる選択がなかった私は、すでに会社を引退した年頃の両親のことを思うと、私立は学費が高いので、県内の国立大学の一択しかありませんでした。

心理学や人間社会について興味があったので、そんな勉強をしてみたい気持ちがあったのですが、その大学にはそのテーマはなく、それに近い人文学部を受けることにしました。いま考えてみても、人文学部で何を学ぶのか、よくわかってなかったと思います。

とにかく、「両親を安心させてあげなくては」と思っていたので、地元の国立に受かることだけが大事なように感じました。

試験当日、緊張症の私は、試験中のことをまったく覚えていないくらいに、すっ

かり上がってしまいました。実力も及ばなかったのでしょう。案の定、受験に失敗してしまいます。

唯一残されていた道は、地元の短大に入ること。

中学のときに助けてもらった本の著者である金盛浦子さんが臨床心理士だったので、いつかはそんな職業に私もついてみたいという、淡い夢がありました。そのためには、4年制大学に行かなければならないと思っていて、私にとって短大に行くというのは、その夢から遠ざかることでした。

けれど、浪人する意義も見出せず、その覚悟もなかったので、「短大でもいいから県内の学校に通ってほしい」という親の思いを汲んで、結局、短大に行くことにしました。しかし、結果的にその場所は、私がずっと憧れていた世界を体験する場所となりました。

中学生のときから、『海の向こうで暮らしてみれば』(双葉社)というシリーズの本が大好きで、よく古本屋さんで探して買って、何度も擦り切れるほど大切に読んでいました。小さな田舎の街で暮らしていた私にとって、自立した海外での生活や異文化は憧れでした。

高校のとき、どうしても留学してみたくなって親に相談しましたが、「県外に出すのも心配なのに、海外なんてもってのほかだ」と猛反対されました。

短大で入ったのは英文学部で、その学部は中国人や韓国人の留学生がたくさんいて、教授も日本人だけでなく、イギリス人やオーストラリア人など、多国籍の人たちとの出会いがありました。

実際に海外に行くことができなくても、彼らを通じて、海外の文化や言葉、考え方に触れていくことができました。

地元の外国人のコミュニティの中で交流したり、海を越えて、手紙をやりとりするようなお友達がたくさんできました。

それまで興味の持てなかった英語の勉強も、みんなとたくさん話がしたかったので、とても自然に楽しく学ぶことができて、まったく英語ができなかった私が、英語で詩を書くまでになっていったのです。

いちばん嬉しかったことは、それまで生き方などについて語り合える、同い年の友人がいなかったのですが、海外からの留学生は、自国のことや日本のこと、生き方などにしっかりと自分の意見を持っていて、堂々と話してくれるので、これからの夢などについて語り合う時間は、とても刺激的で楽しい日々でした。

海外の友人たちの話を聴いたり、授業をとっていく中で、国際政治という新しい分野を知り、もっと学びたいと思いました。

その後、国際政治学を学びたくて、国立の大学に編入することになりました。

そして、結局は遠まわりのようでも、4年制大学に入ることができたのでした。今回ばかりは、ちゃんと自分で興味を持って進みたい学部でしたので、そのための勉強も楽しくできました。

あのとき、何を学ぶのかわからず、もし大学に受かっていてもそれなりの楽しみがあったと思いますが、「何を本当に学び、体験したいのか」がわからないまま、もっと遠まわりしていたかもしれません。

当時、地元の国立大学に合格することだけが重要なことに思えていたけど、本当は、海外の暮らしや文化、人との関わりを通じて、自分で本当に興味のあることを見つけ、学ぶということをしたかったのだと、受験に失敗して短大に行くことで気づかせてもらえたのです。

挫折と思っていたことも、実際に人生を歩み進めてみると、私にとって正しい道に方向転換させてくれていた出来事であったということは、その後もたくさんありました。

うまくいかないときは、方向転換のとき。人生で起こることは、いつも最善の道へと手を引いてくれようとしているんだと思うと、どんなにつらくても、前を向いていける気がします。

## パズルの中の自分を意識する

生き方に迷ったときや、いまいるところでの生活が苦しいなと感じるとき、人生のパズルをイメージしてリセットしていくことで、何度も人生の軌道修正をしてきました。

まず、いま私たちが生きている社会を、パズルの絵とみなします。

そのパズルの絵の中に、自分がいて、家族がいて、友達がいて、仕事があって、生活が描かれています。

子どもの頃は、自分で人生のパズルの絵を最初からつくったというよりも、すでにある環境に身を置くということが多いです。

だから、そのまま生きていくと、自分が生きていく世界は、決められたパズルの中で生きることのような感覚になって、敷かれたレールの上をいくように、限られた環境の中でどう生きていくか、ということが当たり前になりやすいかもしれません。

このパズルは、人生の節目やステージが変わると、実は、どんどん変化していきます。

パズルのピースがただ入れ替わって、絵が変わるという意味ではなく、パズルの台紙自体が、常に新しいアップデートされたものになっていくのです。

けれど、いままでいたまわりの人や環境や持っていたものがすべてなくなることがない限り、そのことに気づく機会はなかなかありません。

なぜなら、私たちは、過去からのご縁や経験、生き方や考え方を、そのまま連れて歩いて生きていくからです。

たとえ、レベルアップした新しいパズルの台紙が与えられていても、いままでの過去のパズルの台紙をそのまま使って、新しいピース（新しいご縁や環境やもの）をはめ込んでいくほうが、自分で最初から自由につくるよりも、簡単なように感じるからかもしれません。

そうやって、人生の新しい成長のタイミングが来ていても、古いパズルの台紙をずっと使い続けて、新しいピースを無理やりはめ込んでいくと、たくさんの入りきらないピースで、自分というピースは身動きがとれなくなっていきます。

新しいステージでは、そこで体験すべきことや学ぶこと、出会いが用意されているので、内側の自分はそれらを求めていきますが、古い台紙では、新しいピースやチャンスが入りきらないので、思いと現実がうまく合っていかなくなります。

そうなると、葛藤や違和感が生まれたり、体調を崩したり、現実が滞るようなことが起きて、苦しくなることがあるのだとわかりました。

先ほども書いたように、生まれたときに与えられた環境や家族、暮らしというのは、すでにあった既存のパズルの絵です。

だから、変化した最初は、いままで持っていた自分の古いパズルを使い続けるだけでなく、降り立った場所にすでに存在する、別の誰かがつくったパズルの中に、自分を馴染ませたりしながら入り込むという生き方をすることは、自然な流れかもしれません。

何でも選択していいよと言われても、何が心地よくて、どんなことが心地よくないのか、どんなことが面白くてどんなことが面白くないのか、真っさらな広野で見出していくことはなかなか難しいものです。

ただ、忘れてはいけないのが、実は、もう一つ持たされている特別なパズルがあるということです。それは、真っさらな、自分だけのパズルの台紙と、自由に内容をつくってはめ込んでいくことができるピースです。

真っさらなパズルでは、必ず真ん中に自分がセットされています。

自分を中心にして、

□ 本当に大切にしたいこと
□ どんな人とどんなつながりをしたいか
□ どんな体験をしたいか

というピースを、自分の意志で自由にあてはめていくことができるものです。

うまくいかなかったときの私は、せっかく新しいステージに飛び込んだのにもかかわらず、それまでうまくいっていた古いパズルの絵のピースを、新しいパズルに無理やりいれ込もうとしていたことに気がつきました。

そうすると、うまくいかないことが重なり、自信をなくし、本当は何をしたいのかさえわからなくなりました。そのとき、両親が病気になって新しい職場を休んだ時間の中で本当にしたいことに気づき、受け入れる時間が持てました。

いままでのパズルのピースを、断捨離と整理をして真っさらなパズルのシートに戻し、やっと新しいパズルの絵の真ん中に、自分を置くことができました。

そして、「こんなふうに生きたいな」「こういう人とつながっていきたい」という思いの新しいピースを、一つひとつ好きなところにおいていきました。

その後、ある勉強会に参加する機会が生まれ、そこでの出会いと時間の中で、新しい仲間とテーマができ、どんどん私のパズルの絵ができていって、現実も変化していくようになりました。

新しいことをするとき、既存の価値観やすでにそこにある環境、ルールに合わせて、順応していくことは決して間違いではありません。

誰かがいろんな思いと体験から、一生懸命すでにつくったパズルの絵に、まずは入り込んでこそ得られる新しい視点や学び、自己研磨があります。

事実、新たな職場の絵のピースがあったからこそ、私は自分をまったく違う視点から鍛錬することができ、これまでの自分に自信をなくすという体験を通して、本当にやりたいことに向かう力を養うことができたと思っています。

けれど、忘れたくないのは、すでにある誰かの絵の中にうまく入り込むことがゴールではないということです。それでは、いつまでも相手が求める自分ではない何かになろうとしたり、そこで役に立っているかという評価を通じて、自分の存在を確かめることをしていくことになります。

大切なのは、いつも自分が主人公の真っさらなパズルの新しい絵を持たされていることに気づくことです。

ある大好きな映画の中で、片想いをしてフラレた女性が、

「君は本来、映画では主人公の役をするべき人なのに、どういうわけか脇役を買っ

て出てやっている」

とある人に言われて、

「本当にその通り。私の人生なんだから、私が主人公であるべきよね！」

というシーンがあります。

青春時代から片想い歴が長い私としては、何度もこのフレーズに力をもらったのですが、まさに、自分の人生の主人公は自分です。

とはいえ、いまでも無意識に、他の誰かのパズルの絵の中に、いつの間にかすっぽり入り込んでしまうことがあります。

大切な人がいるときなど、相手のリズムに合わせていたりと、大切にするがゆえにそうなってしまうのです。

そんなときは、必ずその頃の職場の様子や自分が夢に出てきて、「そろそろ自分のパズルの絵に戻りなさいよ」と教えてくれるのです。

よく目をこらしてみると、誰にとっても、そんなふうに背中を押してくれるようなサインや出来事があるかもしれませんね。

# 離れていても、思いはつながり合っている

ずっと海外を旅しているとき、ときどき父の存在をどこかで感じていて、ふと安心した気持ちになることがありました。

父が亡くなってから、ベッドの脇に何冊も重ねられた日記をめくったとき、そこには私と夫が、無事に何ごともなく幸せであるようにと、祈りの言葉が毎日綴られていました。どれだけ自分の体調が悪くても、最後には必ず祈りの言葉が書いてあったのです。

その思いは、つながりや絆という線を通じて、たくさんの海と空を越えた私たちのところまでしっかり届き、力を与え、守ってくれていました。

このことを思うときに浮かんでくるイメージがあります。

イラストにすると次ページのようになります。

WAKANAのメモより

天
思い
パイプ
在り方
自
地

自分という存在が真ん中にあって、そのまわりに家族や友人や目に見えない神様のような存在やあらゆる出来事が、シャボン玉のように浮かんでいます。

そのときにつながりや関わりがある存在とは思いを通じて、線のようなものでつながっているという絵です。

現在の自分が望んでいることを選んで行動すると、その一つの選択（思い）から、放射状につながっている線を通じて、まわりの人たちや出来事に、選択したときの自分の在り方や思いが、光のように流れていきます。

そして、思いという光が届いた後は、相手が受けとる形とタイミングで受け入れられていきます。

思いの内容によって、それまでつながっていた存在との線のつながり方（関わり方）が変わってしまうことはあります。

線をつたっていった自分の思いはエネルギーとなって、その人のまわりに、星のように浮いて、時に力となったり、照らしたりすることもあります。

もしくは、思いの内容によっては、逆に、重い気持ちになったり、悲しくなったりすることもあるでしょう。

私には育ての母親とは別に産みの母親がいますが、生まれてすぐ別々の道を行きました。大人になってその存在を知ってから、一度も会ったことも連絡をとったこともなかったけれど、彼女のことを思うとき、なぜか罪悪感のような、やるせない感覚のようなものを感じていました。

この先の人生で会えるかどうかわからないけれど、産みの母親と生まれてすぐ離れた痛みはどこかに残っている感じがありましたが、それを自分で選んできたという事実が腑に落ちていたので、彼女にはこれ以上罪悪感を持つことなく、幸せに自分の選んだ人生を生きてほしいと心底思いました。

そのときから、産みの親のことを思い出すときは、「もう何も悪く思うことないよ。私はとっても幸せに生きているから、幸せに元気で生きてね！」と思いを流すようにしました。

もしかしたら、いろんな場所で仕事をしていれば、私の元気な姿をお客さんや友達を通じて知ることができて安心するかもしれないと思い、そういう働き方に変えていきました。すると、本当にその後、ある場所のお友達を通じて、つながることができました。

手放したときから罪悪感を持っていたことも、ずっと忘れずに思い続けてくれていたことも聴くことができて、私の思いも直接伝えることができました。

実際に会わなくても、何か線のようなものを通じて、思いのやりとりがされていたのだと感じました。

いまはもう一緒にいることができない人たちに対しても、感謝と光を送るような気持ちでいるだけで、ちゃんと線がつながって相手に伝わっていくような気がします。そして、何より自分自身がとても癒やされるのです。

もし、誰かに心から謝ることができないでいるときや会って伝えたいことがあっても会えないとき、そうやって、感謝や相手への思い、祈りを、つながっている線をイメージして伝えてみるといいと思います。

そのようにしていると、過去のご縁でも、当時感じていた関わりに対する感覚が変化してくることがあります。実際に、メールなどで、久しぶりの相手から、とても気持ちのいいエネルギーが届くこともあります。

直接的に会えなかったり、まだ見知らぬ人でさえも、ご縁ある人や場とのあいだには、ご縁というパイプがつながっています。

初めて会ったのに昔から知り合いのような、家族のような感じがするというのもそうだし、初めて訪れた街が地元よりもホームのように感じられることがあるかもしれません。

そんなふうにして、私たちは時や場所を超えて、知らないあいだにつながり合い、影響し合っています。

だからこそ、自分の選択や行動の前の在り方や「どんな思いで行うのか」を何よりも最初に、いちばん時間をかけてやるようになりました。

一人だけど、一人じゃないし、離れていてもつながっている。

もしも、誰にも理解されないような気持ちになったり、孤独を感じたり、まわりの存在とつながりを感じられなくなるとき、こんな考え方があるんだと、数えきれない生き方の一つとして、誰かの力となりますように。

## 自分の中で対立しない「素白」のゾーンに戻ろう

日常の中を目いっぱい生きていると、いま自分が人生のパズルのどの辺にいるのかがわからなくなることがあります。

そういうときは、選択に迷ったり、何をしていくかわからなくなったり、うまくいかないことへの不安から焦ったりします。

そんなときに、自分を「ある位置」に戻すと、悩んでいることの答えがスッと出たり、悶々とした気持ちが楽になって、クリアに真実を見ていけるようになることに気がつきました。人間の目と心はつながっていて、心が傾いたほうが、現実がより大きく、たくさん見えてきます。

簡単に言うと、悲しみが強ければ悲しい現実がよく見えるし、喜びを持っていれば、他の人が気づかないような嬉しいことを見つけるという感じです。

答えが見えなくなったり、一歩が踏み出せなくなったときに、心の傾きをなくして、真ん中にいるようにすると、見えてくる視野が広くなり、感じることに深みが出てきて、理解する器が大きく開きます。

すると、「天や自分の運命が自分のために起こしていること」がよく見えるようになります。真ん中にいるとは、天と地と自分（外側の自分）、そして、魂の自分（内なる自分）の、ちょうど真ん中に意識を持ってくるということです。

そして、そこが「素白」ゾーンになります。

「素白」のところに身を置くと、

□　そのことをしていると純粋に気持ちがいい状態
□　「やりたいこと」をやっていても、興奮しすぎていない状態
□　大変だなと思うことがあっても、落ち着いて真実を見つけられる状態
□　「こうあるべき感」がなく、「ただ、する」という力まない感覚

□　自分の中の考えや感情が対立しないで、ただ存在する穏やかでクリアな状態
□　気持ちのいい風が柔らかく通っているような状態
□　そのときいちばん目を向けるとよいことが見えている状態
□　誰かの行動がどんなものであれ、なぜそれをしたのかが理解できる状態

このような感じになります。

そして、この状態を、私は「素白」の状態と呼んでいます。

「素白」の「素」は、ただそこにあることをそのまま素直な心で見つめようとすること。

素直に見つめ、そのまま受け入れることは、抵抗を感じたり、プライドが傷ついたように感じることもあり、難しいかもしれませんが、「素」の中にいつも探していた真実がありました。

そして、「白」は、無限の可能性と選択肢を表す、真っさらな白いキャンバスのような「白」の状態を指します。

黒や他の色の上に別の色を乗せても、色が混ざり合ってそのままの色が出てきませんが、「白」の色は、すべての本来の色をそのまま表してくれます。

人が自然と行動したり、癒やされて、力が満ちるときに必要な要素の一つが、自分自身が「真から納得していること」です。

すべてのフィルターを出来事から外して、いったんニュートラルで真っ白な心に戻してからもう一度向き合ってみると、なぜその出来事が起きたのかを、自分のための出来事として理解して、腑に落とすことができます。

これは私自身が、悩みのドツボにはまっていく過程を何度も観察していて、気づいたことです。

いろんな考えや感情、捉え方のクセが出来事にいちいち反応するので、たとえ、そこにたくさんの優しさや豊かさ、大切なメッセージがあったとしても、そこにたどり着く前に迷子になっていたのだと思います。

素白の自分であれば、遮るものがないので、心に浮かび上がってきたインスピレーションや直感をもっとわかりやすく感じ、見つけることができます。

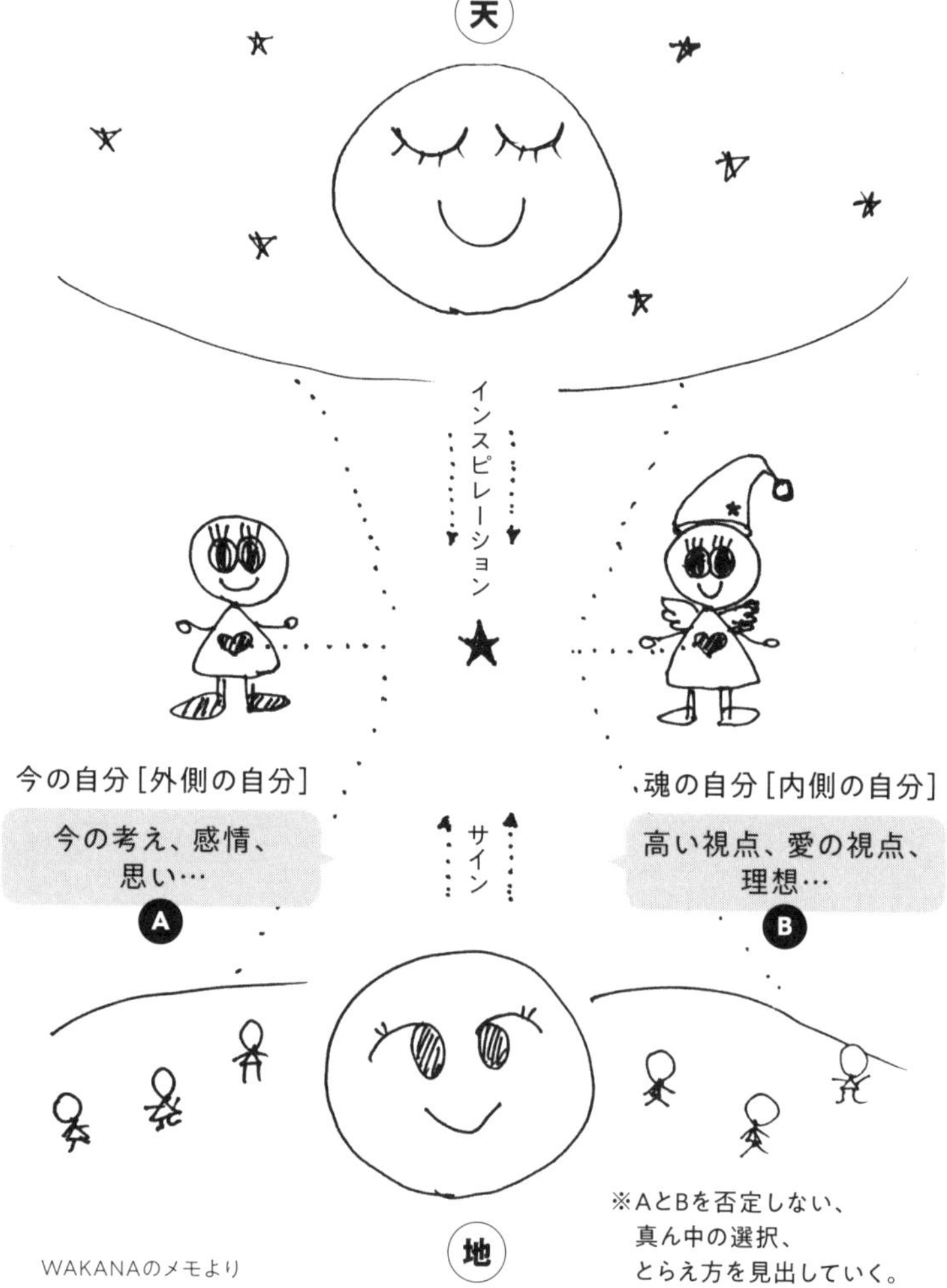
天
インスピレーション
今の自分［外側の自分］
今の考え、感情、
思い…
A
サイン
魂の自分［内側の自分］
高い視点、愛の視点、
理想…
B
※AとBを否定しない、
真ん中の選択、
とらえ方を見出していく。
地
WAKANAのメモより

## あなたが今、いちばん大切にしたいこと

「いま本当に大切にしたいことは何だろう？」

これは、現実の自分と理想の自分、天と地がつながる交差地点、つまり、「素白」の自分の声につながりやすくなる問いかけです。

「いま本当に大切にしたいこと」を見つけると、自分の中でいろんな方向を向いている考えや感情、行動の方向性がだんだんと合ってきます。

考えや性質が違うもの同士でも、方向性を合わせれば、うまくいくようになります。

なぜなら、そもそも、いま自分の中で生まれたあらゆる価値観や行動は、それぞれの立場から、自分という存在を守るために起きているものだからです。

この「素白」の自分になることは、誰かや何かに依存することなく、いつでも

どこでも自分一人でやることができます。

□ 常に、AかBではない3つめの視点が存在していると知る。

□ 3つめの視点は、いまの自分の中の考えと思いと望みを交差したところにある。

□ その交差地点は、「いま本当に大切にしたいことは何だろう」という問いの答えにあり、答えは、自分で好きなように（自分に楽なように）つくり出していい。

こんなプロセスで見つめ直してみると、もっと気持ちのいいほうへ楽に進んでいくことができるかもしれません。

おわりに――

# 「大丈夫、すべてはうまくいっているよ」

この世界には、変えられないことはたくさんあるけれど、自分の生き方のハンドルはいくらでも変えることができるということは、先人の智慧の通りだったとわかりました。

どんな体験を自分に与えてあげるかは、自分で創造していくことができます。

何より、そのことを知っていることで、うまく自分をコントロールできないときがあっても、救われるような可能性を感じることができます。

胸がぎゅっと苦しくなるような人間関係や出来事がなくなって、傷つくことを怖がることなく、ただ素直に自然体で、関わる人や存在が自然と支え合って尊び合えるような、心からの笑顔が無理に出さなくても自然と溢れてくる日々をずっとずっと信じて、求めてきました。

そして、「どう生きるといいか」という問いを持ち続け、長い時間を費やして、観察と失敗などの体験を重ねてきました。

そして、いま、見渡す限り大好きで愛しい人たちばかりで、毎日「ありがたいね」という言葉がたくさん自然に出てきて、夫や家族、仲間たちと言い合っています。

たくさんの過去を越えてそう在ることができるのは、「どんなときも、最善の道へ向かっているのだ」と、与えられた命の可能性を信じることを絶対に諦めなかったからだと思います。

何のためらいもなくまっすぐ信じることで、だまされるのではないかと言われることもありますが、いままで人にだまされたことは一度もありません。いや、そう感じたことがないとも言えるかもしれません。

仮にだまされていて、それに対してがっくり落ち込むことがあったとしても、私にとっては、「幸せのほうへ向かっているための出来事」として自分の素養でしかないと、いまなら思えます。

誰かが悩んでいたり、大変な状態にあるときに、いつも心から溢れ出てくる言葉があります。

それは、「大丈夫。万事すべてうまくいっているよ」という言葉です。

この言葉は、これまで数えきれないくらい、自分自身に伝えてきました。

何十年も「self talk note」として、自分との対話をノートにしてきていますが、昔のノートを開いてみても、10代のときも、そして今も、何度も何度も、この言葉を書いているのです。

だから、私の心の貯蔵庫に、星くずのようにたくさん蓄えられているのだと思います。

この「大丈夫。万事すべてうまくいっている」は、ネガティブに感じる出来事が起こって、怒りや不安に心が傾いて、苦しくなるときも、自分を「素白」の状態に戻してくれたり、エネルギーの流れを循環させて、幸せに生きる力を与えてくれます。

それだけでなく、いまの自分にとって、「うまくいくということは、本当はどういうことなのか」を本質的に見出す視点を与えてくれます。

そんなふうにして、どんなときも、自分を気持ちのよいほうへ連れていきます。

それは、この命と体と心を与えていただいた人間としての、私の生きる責任だと思っています。

「気持ちのよい方へいく」とは、今もっとも自然にできることや、自分が心から望んでいることを選んだり、それをしたとき（その捉え方をしたとき）に、心や思考の感覚が軽くなるほうへ向かっていくことです。

ここで大事にしたいポイントは、必ずしもポジティブなほうを選ぶとか、世間的によいとされていることをするということではありません。

いま、そのときの自分にとって、気が軽くなる、心が動き出す感じがすることを選んで、行動していくということです。

もしも、落ち込んだままのほうが、無理やり前向きになるよりも楽に自然に感じるのであれば、落ち込むことが、そのときの自分にとっての、もっとも自然なこと。

わからないときに、わからないままでいることは、気持ちよくないと感じるかもしれませんが、「わからないというのは、それをするタイミングではないのだ」と、焦らないで、いまできることに目を向けていくことも、軽やかに生きるために必要です。

また、何かがあったとき、自分もまわりも正そうとせず、ただ理解しようとしてみること。そうすると、問題だと思っていたことは、「それを知ることができてよかった」という、「うまくいっているプロセス」として受け入れることができます。これも気持ちのよいほうへ向かっていく生き方の一つとして、大事にしています。

日常の中で、自分自身にもまわりにも気持ちがよくなる言葉をかけ、気持ちがよくなる場に積極的に身を置いたり、その環境を自らつくることを大切にしていくと、どんどん自分の中の信じる力が満たされていくようになります。

自分を信じる力、いま起きていることを信じる力、目の前の誰かの中にある光を信じる力、いついかなるときも最善で最適なことがベストタイミングで起きていることを信じる力は、驚くほど今いる世界を鮮やかに照らします。

するとと今度は、まわりの出会う人たちや自然、出来事が「助け」というギフトをどんどん与えてくれるようになるのです。いまの私の人生に、奇跡のようだと思うこと（そう言われること）が多いのは、信じる力が発動しているからだと思うのです。


信じる力を別の言い方をすると、「信力」。

これは、「心力」であり、「身力」でもあり、「神力（真力）」とも言えます。

全部同じ読み方、つまり、同じ音ということは、やはりすべてどこかでつながっているのかもしれません。

信じる力に必要なのは、心も体も健やかで元気であること。

すると、より「信力」が磨かれ、それが育まれると、「心力」も「身力」も付随してまた輝いていく。そして、「神力（真力）」がどんどん現実に流れ込んで、奇跡のような偶然が必然として、この人生の本当の面白さを体験させてくれるのだと信じています。

最後に――

この本のインスピレーションに導き、何度も夢に現れたり、お月様を通じて応援し続けてくれたアストロロジャー來夢先生に、心からの感謝と愛をおくります。そのインスピレーションを本という素晴らしい形にしてくださったきずな出版の岡村さん。いつも奥にある大切なものをみて、大切にしてくださいました。

どんなときも、私のそばで最高のサポートをしてくれる夫マツダミヒロ、あたたかい愛と応援をしてくれた友人たちに感謝します。

そして、この本を手にとってくださったあなたに、心からの祝福がありますように。

みなさま、ありがとうございました。

WAKANA

Profile

# WAKANA

わかな

幼い頃から大人の相談に数多くのったり、人の心の動きに興味を持ち、自己啓発や心理学など〝人が生きるということ〟について、体験から独学で学ぶ。外見、内面は深く関わり合い、人を取り巻くエネルギー全てがつながっているのだということを体感し、自分の中にある叡智を引き出す〝ホリスティックファッションメソッド〟を開発。これまでたくさんの人の人生を変えていく。南フランスのエズ村で出会ったアーティストと共に「ライフツリーカード」とオリジナルカードセッションメソッドを生み出す。ライフツリーカードは世界中で使われ、オンラインではYahoo占い、LINE占いで1位となる。現在は世界各国に滞在しながら、全世界に、人生が根本から変容する人たちが続出。自分を大切にして生きることを自分自身と約束し、一人ひとりと心から向き合い、その人の中にある真の光を見つけ、本質的な幸せへと導くことを使命とし、活動を続けている。

信じる力
——あなたの人生は、あなただけのもの

2023年9月15日　初版第1刷発行

著者　WAKANA

発行者　櫻井秀勲

発行所　きずな出版
東京都新宿区白銀町1−13
電話03-3260-0391　振替00160-2-6333551
https://www.kizuna-pub.jp/

印刷　モリモト印刷

装丁　鳴田小夜子（KOGUMA OFFICE）


ISBN978-4-86663-218-6